Lecciones de lenguaje

Palabras y vocabulario

Nivel elemental

de Imogene Forte

Incentive Publications, Inc.
Nashville, Tennessee

Ilustraciones de Gayle S. Harvey
Arte de la portada de Rebecca Rüegger
Traducción de Interlang Translating Services, Nashville, Tennessee

ISBN 0-86530-580-3

IMPRESO EN LOS ESTADOS UNIDOS DE AMÉRICA
www.incentivepublications.com

La tabla de contenido

Habilidades en el reconocimiento y uso de las palabras 11

Habilidadas en la comprensión de las palabras y en la sensibilidad 35

El apéndice 75

Cómo utilizar este libro

La alfabetización es un importante marco de referencia en la educación de los estudiantes en las aulas de hoy. Si no se sabe leer, escribir y escuchar, el proceso de aprendizaje se convertirá en algo progresivamente difícil y los obstáculos y las limitaciones a cualquier logro académicos se acumularán y solidificarán con el pasar del tiempo.

En el mundo de hoy, tan saturado de información y dependiente de la tecnología, es particularmente importante para los niños ganar y utilizar en forma significativa las habilidades y conocimientos asociados a la alfabetización, a una temprana edad. El éxito en estudios de alto contenido como los de las matemáticas, los estudios sociales y las ciencias, y aún en los campos de la ilustración, incluyendo el arte, la música y la literatura, depende principalmente del nivel de alfabetización. Con un sólido conocimiento del lenguaje, el futuro académico de los estudiantes tendrá menos limitaciones, y sus metas, expectativas y sueños personales tendrán una mejor oportunidad de tornarse en realidad. Precisamente por la importancia de alcanzar un alto grado de alfabetización para todos los estudiantes es que la Serie de lecciones de alfabetización (Language Literacy Lessons Series) fue desarrollada.

Propósito de las *Lecciones de alfabetización: El manual de Palabras y vocabulario, Nivel elemental* cumple con ayudar a los estudiantes a alcanzar sus metas de alfabetización mediante el refuerzo de habilidades y conocimientos claves en el uso del lenguaje. Los ejercicios en este libro han sido concebidos para permitir a los estudiantes practicar sus habilidades y conocimientos esenciales de lectura. Una lista de dichas habilidades y conocimientos, en la página 10, desglosa las habilidades y conocimientos tratados. Dicha lista ha sido cuidadosamente compilada como resultado de investigaciones relacionadas con el lenguaje, y las habilidades y conocimientos específicos asociados a cada lección guardan relación con las edades más apropiadas a los diversos niveles de alfabetización.

Mediante el uso de las lecciones de este libro, los estudiantes mejorarán sus habilidades y conocimientos personales relacionados con el uso del lenguaje ¡mientras avanzan para satisfacer los estándares nacionales! Para ayudar en la planificación de las lecciones, una matriz muy fácil de usar, reproducida en las páginas 8 y 9, presenta las correlaciones establecidas en los National Language Arts Standards (estándares nacionales en el uso del lenguaje), correspondientes a cada lección del libro.

No sólo se relacionan los ejercicios con las habilidades y conocimientos esenciales en el uso del lenguaje y con los National Language Arts Standards, sino que también son imaginativos y, por sus características, se demostrarán divertidos y muy interesantes para los estudiantes. La creatividad de los ejercicios se pondrá de manifiesto mediante la incorporación de situaciones interesantes acerca de las cuales escribir, así como de encantadoras ilustraciones destinadas a inspirar las respuestas de los estudiantes.

Mientras mejoran las habilidades y conocimientos en el uso del lenguaje, será evidente un mayor progreso escolástico entre los estudiantes. El desarrollo de las habilidades y conocimientos en el uso del lenguaje permitirá a los estudiantes alcanzar metas realizables, de acuerdo a sus intereses, y embarcarse en una jornada por el mundo del conocimiento ¡que durará toda la vida!

La matriz de niveles

Nivel	Página con ejercicio
Nivel 1: Los estudiantes leen una amplia gama de textos impresos y no impresos, a fin de mejorar su comprensión de dichos textos, de sí mismos, y de las culturas de los Estados Unidos y el mundo, y así poder adquirir nueva información, responder a las necesidades y demandas de la sociedad y el mundo del trabajo, y para su satisfacción personal. Entre estos textos hay textos de ficción y no literarios, textos clásicos y contemporáneos.	28, 72
Nivel 2: Los estudiantes leen una amplia gama de géneros literarios de varios períodos, a fin de aumentar su comprensión de las muchas dimensiones (por ejemplo, las filosóficas, éticas, estéticas) de la experiencia humana.	45, 46, 54, 55, 65
Nivel 3: Los estudiantes aplican una amplia gama de estrategias para comprender, interpretar, evaluar y apreciar los textos. Aprovechan sus experiencias anteriores, su interacción con otros lectores y escritores, su conocimiento del significado de las palabras y de otros textos, sus estrategias de identificación, y su comprensión de las características de los textos (por ejemplo, la relación entre sonidos y las letras del alfabeto, la estructura de las frases, el contexto, los elementos gráficos).	16, 23, 26, 31, 32, 33, 40, 42, 43, 47, 53
Nivel 4: Los estudiantes ajustan su uso del lenguaje hablado, escrito y visual (por ejemplo, las convenciones, el estilo, el vocabulario) para comunicar efectivamente con una variedad de audiencias y diversidad de propósitos.	15, 26, 36, 37, 48, 49, 50, 58, 62, 71
Nivel 5: Los estudiantes emplean una amplia gama de estrategias al escribir, y saben utilizar correctamente diversos elementos en su proceso de redacción, a fin de comunicarse efectivamente con varios tipos de audiencias y diversidad de propósitos.	14, 20, 21, 29, 57, 74
Nivel 6: Los estudiantes aplican sus conocimientos de la estructura y las convenciones del lenguaje (por ejemplo, la ortografía y la puntuación), las técnicas del medio, el lenguaje figurativo y el género, a fin de crear, criticar y poder discutir textos impresos y no impresos.	12, 13, 17, 18, 19, 25, 27, 34, 41

Standards for the English Language Arts, por la International Reading Association y el National Council of Teachers of English, Copyright 1996 de la International Reading Association y el National Council of Teachers of English. Reimpresión autorizada.

Lecciones de lenguaje / Palabras y vocabulario—Nivel Elemental

La matriz de niveles

Nivel	Página con ejercicio
Nivel 7: Los estudiantes investigan cuestiones e intereses, generando ideas y preguntas, y planteando problemas. Captan, evalúan y sintetizan datos procedentes de una variedad de fuentes (por ejemplo, textos impresos y no impresos, artefactos, gente) para informar acerca de sus hallazgos en forma conveniente a sus propósitos y adecuada a su audiencia.	42, 56, 63, 66, 70
Nivel 8: Los estudiantes utilizan una variedad de recursos tecnológicos e informativos (por ejemplo, bibliotecas, bancos de datos, redes informáticas, grabaciones en video) para captar y sintetizar información, y formular y comunicar conocimientos.	22, 73
Nivel 9: Los estudiantes desarrollan un conocimiento y respeto por la diversidad en el uso y patrones del lenguaje, así como de los dialectos entre las culturas, etnias, regiones geográficas y posiciones sociales.	55, 62
Nivel 10: Los estudiantes cuya lengua materna no es el inglés hacen uso de ese primer idioma para desarrollar sus habilidades y conocimientos en la utilización del inglés e incrementar la comprensión de su contenido a lo largo de su programa de estudios.	Todos
Nivel 11: Los estudiantes participan como miembros conocedores, reflexivos, creativos y críticos en una variedad de comunidades literarias.	22, 52, 60, 61, 64, 68, 69
Nivel 12: Los estudiantes utilizan la palabra hablada, escrita y visual para lograr sus propósitos (por ejemplo, aprender, disfrutar o distraerse, persuadir e intercambiar información).	24, 30, 38, 44, 51, 59, 67

La lista de control de las habilidades y conocimientos

	Habilidad	Página
	Reconoce y utiliza nombres propios	12
	Sabe y utiliza reglas sobre las vocales	13
	Reconoce y utiliza sonidos y combinaciones de consonantes y reglas sobre los consonantes	13, 14, 15
	Reconoce y comprende la función del final de las palabras y combinaciones de palabras que pueden combinarse para formar o cambiar el sonido y/o el significado de palabras	16, 17, 18
	Poniendo el sufijo necesario para crear diminutivos	19
	Demuestra habilidad en la extensión de vocabulario	20, 21, 22, 23
	Conoce y sabe usar reglas de silabicación	24
	Sabe usar contracciones y abreviaturas	25
	Seleccionando la palabra correcta	26
	Corrigiendo la ortografía	28
	Sabe usar palabras compuestas	27, 29, 30, 31
	Sabe discriminar entre palabras que parecen similares pero que se pronuncian distintamente	32
	Reconoce y usa asociaciones de palabras	33
	Reconoce y usa plurales	34
	Sabe usar claves gráficas	36
	Sabe usar claves contextuales	37
	Sabe definir las palabras por clasificación o función	38, 39, 40, 41, 42
	Usa palabras precisas	43
	Reconoce relaciones entre palabras	44
	Entiende significados múltiples de una palabra	45, 47
	Reconoce y sabe usar antónimos y homónimos corrientes para palabras familiares	48, 49, 50
	Imágines escondidas y vocabulario inglés	51
	Demuestra habilidades en cuanto desarrollar vocabulario	52
	Reconoce y sabe usar analogías	53
	Sabe asociar palabras con emociones	54, 55, 56
	Demuestra sensibilidad acerca de las palabras	57
	Sabe crear impresiones sensoriales	58, 59, 60
	Sabe interpretar expresiones figurativas e idiomáticas	61
	Sabe interpretar sensaciones y estados de ánimo sugeridos con palabras	62, 63
	Sabe reconocer y usar palabras descriptivas	64, 65, 66, 67, 68, 69, 70
	Demuestra conocimiento de palabras	71, 72
	Demuestra habilidades de apreciar las palabras	73, 74

Habilidades en el reconocimiento y uso de las palabras

Correo exprés

Todos los carteros de Pueblo Pluma, EE.UU., están asistiendo a una conferencia postal. Lo que tú tienes que hacer es ayudar a clasificar y repartir el correo a tiempo.

Dibuja un círculo alrededor de los nombres propios que *no* llevan mayúscula pero que *deben* llevar mayúscula.

1. La carta de juana debe entregarse a Jaime hoy.
2. La tarjeta de cumpleaños que el Señor Shibley manda a su esposa, diana, necesita más sellos.
3. miguel quiere comprar un sello con la imagen de la estatua de libertad.
4. La dirección debe ser: "sra. J. streams 607 S. brook st., Cleveland, Ohio 27205."
5. Hay diez cartas de correo exprés en el buzón de julia.
6. ¿Cuándo se entregará esta carta de Australia a pablo?
7. Seis sucursales de correo en pueblo pluma están cerradas para obras.
8. martín recibió siete tarjetas de Navidad de amigos por todo el país.
9. ¿Avisaste a maría que el correo de primera clase va a llegar tarde hoy?
10. A pesar de sus quejas, el correo para la calle de emilia continúa a llegar tarde.
11. No se entregará ningún paquete el día de acción de gracias.
12. El correo para el golfo de méxico llega a tiempo por primera vez desde diciembre.
13. Ella recogerá su correo el martes que viene.
14. El libro sobre África pesa demasiado para mandarlo por correo en un sobre regular.
15. El servicio postal entre ciudades en los Estados unidos de América es disponible.

Nombre: Fecha:

Reconociendo y usando nombres propios

Lecciones de lenguaje / Palabras y vocabulario—Nivel elemental
Copyright ©2003 de Incentive Publications, Inc.
Nashville, TN.

Por debajo de la sombrilla fónica

Colorea de amarillo todos los espacios en la sombrilla que contienen un consonante.

Colorea de naranja todos los espacios que contienen una vocal. (Colorea el resto del dibujo como tú quieras.)

Dibuja un círculo alrededor de todos los sonidos **"U"** en la oración que sigue:

Ursula Uvana usualmente esperaba bajo la sombrilla hasta que su único hijo sacara su ukulele sin usar.

Nombre: _____ Fecha: _____ ⑬

Lecciones de lenguaje / Palabras y vocabulario—Nivel elemental
Copyright ©2003 de Incentive Publications, Inc.
Nashville, TN.

Reconociendo vocales y consonantes

El gran caso del consonante

Pon los consonantes que faltan. Dibuja un círculo o haz una señal en cada consonante en la lupa a medida que usas aquel consonante en los párrafos que siguen.

Si tra__ajas atentamente, puedes encontrar los __onsonantes que __altan justo de__ajo de la nari__ del detective Adán el Astuto. Dibu__a un __írculo alre__edor de un consonan__e ahí do__de lo pones en su si__io correcto, y en__onces sabrás que no debes bu__carlo otra __ez.

Adá__ el Astuto ha sido nombrado para reso__ver el __ran caso del consonante. Una vez __ras otra, lo__ consonantes desaparecen en __randes números de o__aciones que __ormalmente son per__ectamente ló__icas. Más __onsonantes __altan cada día. Las palabras empiezan a sobre co__erse del pánico, y au__que Adán el Astu__o es listo y __aliente, él mismo se sien__e desesperado. ¿Puede__ tú rescatarle?

Por __avor, apúrate y vuelve a poner los co__sonantes __erdidos para resta__lecer paz y tran__uilidad al __undo de Adán el Astuto.

Sobran cuatro consonantes y tres vocales extraviadas que forman una palabra especial, un mensaje para ti de Adán el Astuto. Escribir aquí el mensaje:

"¡_____!"

Usando consonantes

Lecciones de lenguaje / Palabras y vocabulario—Nivel elemental

El rascacielos mudo

Empieza con el punto #1 y di entre dientes la palabra.

Si la palabra contiene un consonante mudo, busca la próxima palabra en orden numérico que también contiene un consonante mudo. Traza una línea entre las dos. (Si la palabra que sigue no contiene un consonante mudo, salta esa palabra y sigue hasta la próxima.)

Continúa conectando las palabras que contienen un consonante mudo hasta que el dibujo esté completo.

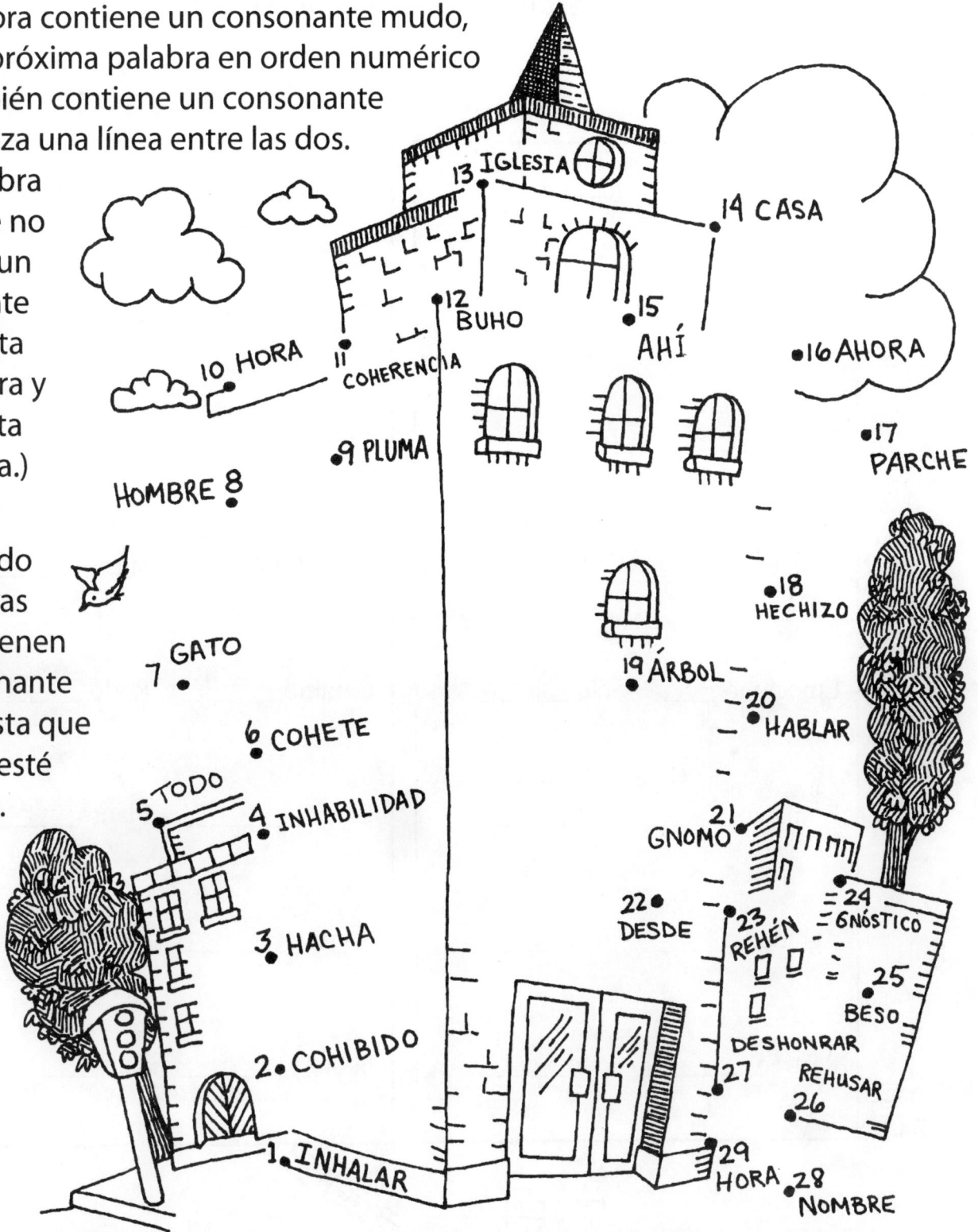

13 IGLESIA

14 CASA

12 BUHO

15 AHÍ

16 AHORA

10 HORA

11 COHERENCIA

17 PARCHE

9 PLUMA

HOMBRE 8

18 HECHIZO

7 GATO

19 ÁRBOL

20 HABLAR

6 COHETE

21 GNOMO

5 TODO

4 INHABILIDAD

24 GNÓSTICO

22 DESDE

23 REHÉN

25 BESO

3 HACHA

DESHONRAR

27

REHUSAR

2 COHIBIDO

26

1 INHALAR

29 HORA

28 NOMBRE

Lecciones de lenguaje / Palabras y vocabulario—Nivel elemental
Copyright ©2003 de Incentive Publications, Inc.
Nashville, TN.

Usando consonantes mudos

¿Debe terminar en "-aba" o "-ía"?

Cambia la forma de los siguientes verbos al tiempo imperfecto. Los primeros dos ejemplos están hechos ya para ayudarte.

Miró	mir**aba**	Vivió	viv**ía**
Marchó_____	Entró_____	Tiró_____	
Fumó_____	Tropezó_____	Cortó_____	Amaestró_____
Añadió_____	Chocó_____	Amontonó_____	Siguió_____
Emocionó_____	Saló_____	Caminó_____	Rodó_____
Enmarcó_____	Cogió_____	Cargó_____	Plantó_____
Agradeció_____	Llenó_____	Sacudió_____	Permitió_____
Rastreó_____	Soñó_____	Bebió_____	Salió_____

Nombre: _____

Fecha: _____

Reconociendo y entiendo el fin de las palabras

Lecciones de lenguaje / Palabras y vocabulario—Nivel elemental
Copyright ©2003 de Incentive Publications, Inc.
Nashville, TN.

Participios presentes

Lee las palabras que siguen y decide si cada palabra debe terminar con el sufijo **-ando** o **-iendo**. Escribe cada nueva palabra que termina con **-ando** o con **-iendo** en el buzón que corresponde abajo.

1. saltar	5. vivir	9. transferir	13. gruñir
2. planear	6. esperar	10. amar	14. asaltar
3. beber	7. despertar	11. toser	15. soplar
4. crecer	8. tocar	12. sonreír	16. cortar

-ando

CORREO

CORREO

-iendo

cariños

Nombre:

Fecha:

Lecciones de lenguaje / Palabras y vocabulario—Nivel elemental
Copyright ©2003 de Incentive Publications, Inc.
Nashville, TN.

*Reconociendo y entiende el fin
de las palabras*

La búsqueda de tesoro

Hace mucho tiempo, piratas dejaron tesoros increíbles en el fondo del mar.

El cuento que sigue describe una búsqueda exitosa de tesoro escondido. Utiliza "**-ar**" o "**-ando**" (infinitivo o gerundio) en los espacios para completar las palabras, seleccionando la palabra correcta de la siguiente lista:

1. Hall_____ tesoro escondido no es nada fácil.

2. Busc_____ sin encontr_____ es bastante tedio.

3. Entr_____ en la cueva, vimos un arca llena de joyas.

4. Enderez_____ el arca parecía imposible.

5. Esforz_____ cada músculo en nuestros cuerpos, pusimos el arca de pie.

6. Cont _____una fortuna tan importante sería cuestión de días.

7. Sin desperdici_____un momento cogimos las joyas.

8. Volvimos a casa, esper_____que nadie nos haría preguntas.

Nombre: _____   Fecha: _____

Reconociendo y entiendo el fin de las palabras

Lecciones de lenguaje / Palabras y vocabulario—Nivel elemental
Copyright ©2003 de Incentive Publications, Inc.
Nashville, TN.

Los diminutivos

Cambia cada una de las siguientes palabras en una palabra diminutiva.

Usa el sufijo "-ito" o el sufijo "-ita". Un sufijo es una desinencia que se añade al fin de una palabra. Escribe las nuevas palabras adentro de los animalitos gordiflonos.

1. muchacho
2. casa
3. señor
4. papel
5. mesa

6. oso
7. poco
8. enano
9. carta
10. gato

11. perro
12. gusano
13. señora
14. dinero
15. mano

16. hoja
17. plato
18. rato
19. libro
20. hija

*Poniendo el sufijo necesario
para crear diminutivos*

El creador de palabras

Estudia cada palabra en los "paquetes verbales" abajo.
Crea 6 nuevas palabras de cada palabra simplemente cambiando una sola letra a la vez.
El primer ejemplo ya se te ofrece.

SILLA	CASA	SOPA	BALA	LAGO	MESA
SELLA					
SELLO					
BELLO					
BOLLO					
POLLO					
POZO					

Nombre: _____ Fecha: _____

Demostrando habilidades
de extensión de vocabulario

Lecciones de lenguaje / Palabras y vocabulario—Nivel elemental
Copyright ©2003 de Incentive Publications, Inc.
Nashville, TN.

El mágico enredo triangular

Morto el Mago tuvo que utilizar su varita mágica para hallar 25 palabras que se pueden crear usando las letras de la palabra

TRIÁNGULOS

¡Tú, al contrario, puedes hacerlo simplemente usando tu lápiz!

Escribe las 25 palabras que encuentras en las rayas abajo.

Nota: No se puede usar una letra más que una sola vez en una palabra.

_____   _____   _____

_____   _____   _____

_____   _____   _____

_____   _____

_____   _____

_____   _____

                                       _____

                                       _____

                                       _____

Lecciones de lenguaje / Palabras y vocabulario—Nivel elemental
Copyright ©2003 de Incentive Publications, Inc.
Nashville, TN.

*Demostrando habilidades
de extensión de vocabulario*

El genio de las palabras

Un "genio de las palabras" es una persona quien sabe utilizar nuevas palabras pintorescas con regularidad, sea cuando habla, sea cuando escribe.
¿Conoces tú un "genio de las palabras"?
¡Tú puedes ser un "genio de las palabras" también!

Lo primero que tienes que hacer para llegar a ser un "genio de las palabras" es llenar el saco de este genio con palabras emocionantes y pintorescas.

La segunda cosa que hay que hacer es completar la cara del genio y su ropa para hacerlo tu propio genio particular, todo tuyo.

El tercer requisito y el más importante de todos es ¡UTILIZAR LAS PALABRAS!

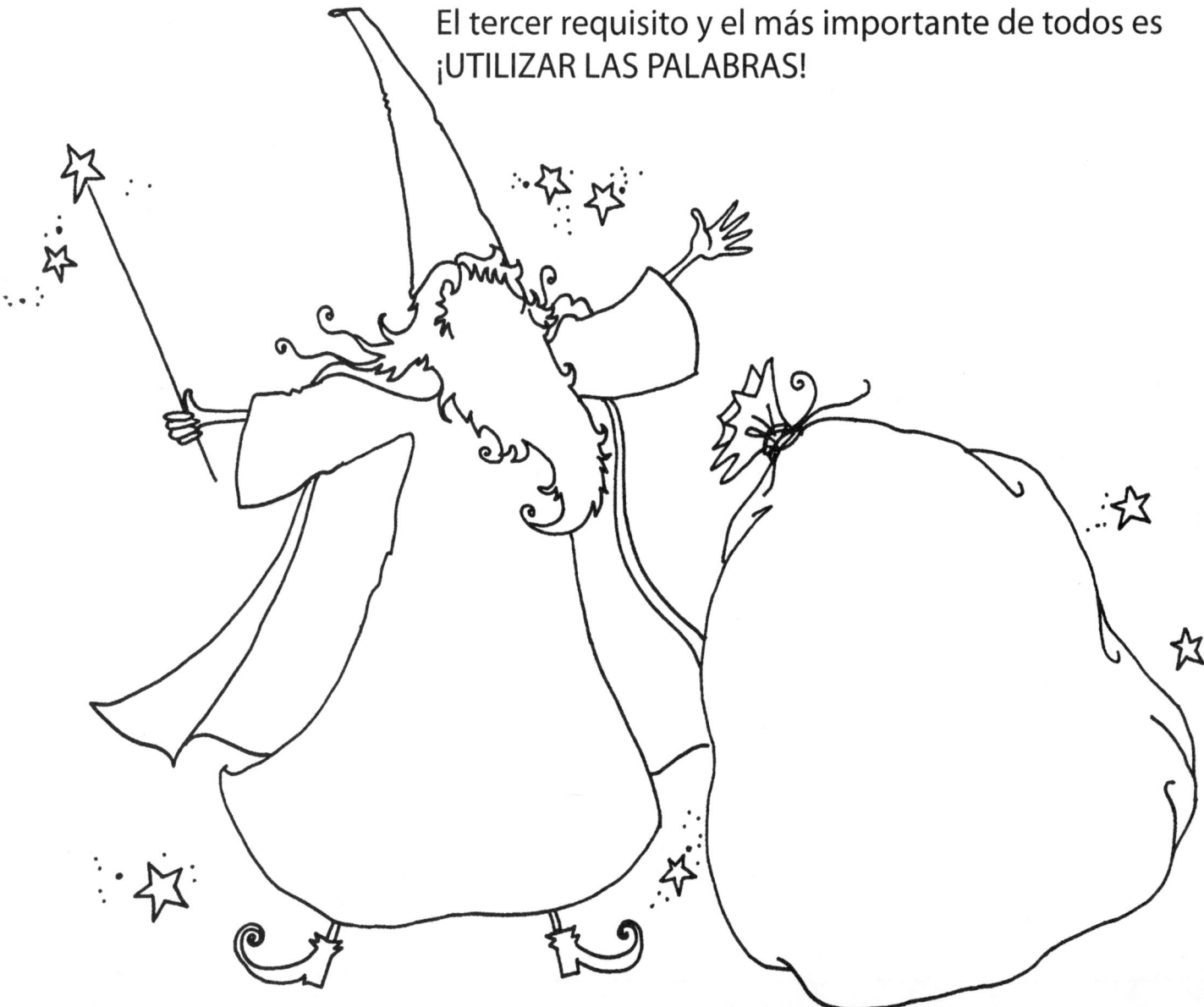

Nombre: Fecha:

Demostrando habilidades de extensión de vocabulario

Lecciones de lenguaje / Palabras y vocabulario—Nivel elemental
Copyright ©2003 de Incentive Publications, Inc.
Nashville, TN.

Un chequeo de vacaciones

¿Has hecho un chequeo del vocabulario de las fiestas recientemente?

Aquí abajo tienes una pequeña prueba para ayudarte a hacer el chequeo.

1. Completa las vocales que faltan en las palabras que siguen.

2. Traza una línea desde el nombre de cada fiesta hasta el símbolo que se asocia con dicha fiesta.

Día de Acci_n de Gr_c_as

Día de S_n P_tric_o

Día del _ño N_ev_

Día d_ San V_l_nt_n

V_sp_ra del día de T_dos L_s s_ntos

Nav_d_d

H_nukk_h

Nombre:

Fecha:

Lecciones de lenguaje / Palabras y vocabulario—Nivel elemental
Copyright ©2003 de Incentive Publications, Inc.
Nashville, TN.

Demostrando habilidades de extensión de vocabulario

Sílabas en color

SALIDA

ACTO

PARECIDO

FAJA

TENIS

PODRIR

VENTOSO

CINCUENTA

PROPIEDAD

DIRECTOR

VERDAD

MOLESTO

CENTELLEAR

PÁNICO

MORDIDA

CABALLO

PATITUERTO

FELICIDAD

PELIGROSO

TOCINO

CUANDO

VISITA

UNO

LUCHA

GALOPE

GLOBO

PRONTO

CERÁMICA

LLENO

ACCIÓN

Llegada

1. Colorea de naranja todas las palabras que tienen dos sílabas.
2. Colorea de marrón todas las palabras que tienen tres sílabas.
3. Di en alta voz cada palabra y cuenta el número total de sílabas de cada color.

Fecha: _____

Lecciones de lenguaje / Palabras y vocabulario—Nivel elemental

Escribe por Guillermo

Guillermo el gusano olvidó por completo hacer su tarea escolar. Ahora está en un lío. Quizás tú puedes ayudarlo.

Primero, lee su lista de vocabulario. Luego, escribe las abreviaturas correctas al lado de cada palabra.

adjetivo _____

derecho _____

Doctor _____

México _____

Señor _____

América Latina _____

matemáticas _____

calle _____

metro _____

diciembre _____

por ejemplo _____

siglo _____

María _____

centímetro _____

usted _____

febrero _____

kilómetro _____

ingeniero _____

avenida _____

Estados Unidos _____

peseta _____

Nombre: _____

Fecha: _____

Usando abreviaturas

Apunta la palabra

Pedro quiere ser un gran cazador. Todos los días practica con su arco y flecha. Las parejas verbales a las cuales apunta son palabras que son confusas.

Apunta y marca con una flecha la palabra incorrecta de cada pareja de palabras confusas en las comillas. La palabra sobrante es la que completa la oración.

1. Una vez al año, Pedro y Patricia asisten a la reunión familiar _____.

2. El juez pidió que el jurado buscara justicia, no _____.

3. El acuerdo se hizo _____ los dos hermanos.

4. Yo _____ que no tienes nada que temer.

5. Puedo _____ y tomar una taza de té contigo.

6. El Doctor Johnson es un médico _____ en este pueblo.

7. Una persona bien honesta no debe nu _____ .

8. Patti es una señorita _____ que tiene donaire.

9. Favor de _____ este regalo con el espíritu en que se da.

10. Pablo estaba_____ de su habilidad.

Nombre: _____   Fecha: _____

Seleccionando la palabra correcta   *Lecciones de lenguaje / Palabras y vocabulario—Nivel elemental*

Palabras compuestas

Las palabras compuestas se componen de dos palabras para crear una sola nueva palabra.

Traza una línea de la palabra a la izquierda a la palabras a la derecha para formar una nueva palabra compuesta.

Di en alta voz la nueva palabra compuesta.

-suelos

-labios

-ojos

-seña

-pensador

-moscas

Contra

Mata

Libre

Friega

Ante

Pinta

Lecciones de lenguaje / Palabras y vocabulario—Nivel elemental

Copyright ©2003 de Incentive Publications, Inc.
Nashville, TN.

Creando palabras compuestas

Soltando las amarras

Lee la historia del viaje en barco de Emilia y Julia.

Luego vuelve a escribir su historia, corrigiendo todos los errores ortográficos de modo que el texto quede perfecto.

Emilia y **Hulia** no podían esperar la **zalida** del barco. Por días y días habían anticipado con gran **intusiasmo** este viaje. Julia **diho** a Emilia, "No olvides de **sallir** a cubierta cuando el **varco** zarpe. No quieres perder **ber** levar anclas. Ese es uno de los momentos más **emocionanches** del viaje." Julia miró su **relloj** y dijo, "Sólo faltan **dies** minutos antes del **mommento** de salir de la costa. ¿Qué te parece si buscamos un **citio hazia** delante donde podrás **verrlo** todo? He echo un viaje en barco una vez antes y no olvidaré **nonca** la emoción de **sarpar**." Emilia respondió, "Estoy tan **eomcionada**. **Esde** es el viaje de mis sueños."

Nombre:

Fecha:

Corrigiendo la ortografía

Lecciones de lenguaje / Palabras y vocabulario—Nivel elemental
Copyright ©2003 de Incentive Publications, Inc.
Nashville, TN.

El tobogán de palabras

Las siguientes palabras son palabras compuestas (es decir, dos palabras que se combinan para crear otra nueva palabra). Dibuja un círculo alrededor de una parte de cada palabra. Haz un dibujo en el espacio que corresponde a la palabra donde has trazado un círculo. El primer ejemplo está ya hecho para que veas.

TEL(A)RAÑA

1. PORTAPLUMAS   1. _____

2. CONTRAPUERTA   2. _____

3. CAZANOTICIAS   3. _____

4. ABRECARTAS   4. _____

5. AGUAFIESTAS   5. _____

6. RADIODESPERTADOR   6. _____

7. RASCACIELOS   7. _____

8. PARABRISAS   8. _____

9. PORTAVELAS   9. _____

Usando palabras compuestas

Un cuadro compuesto

Dibuja círculos alrededor de las 15 palabas compuestas que están escondidas en esta imagen enmarcada. Las palabras aparecen verticalmente, horizontalmente y diagonalmente.

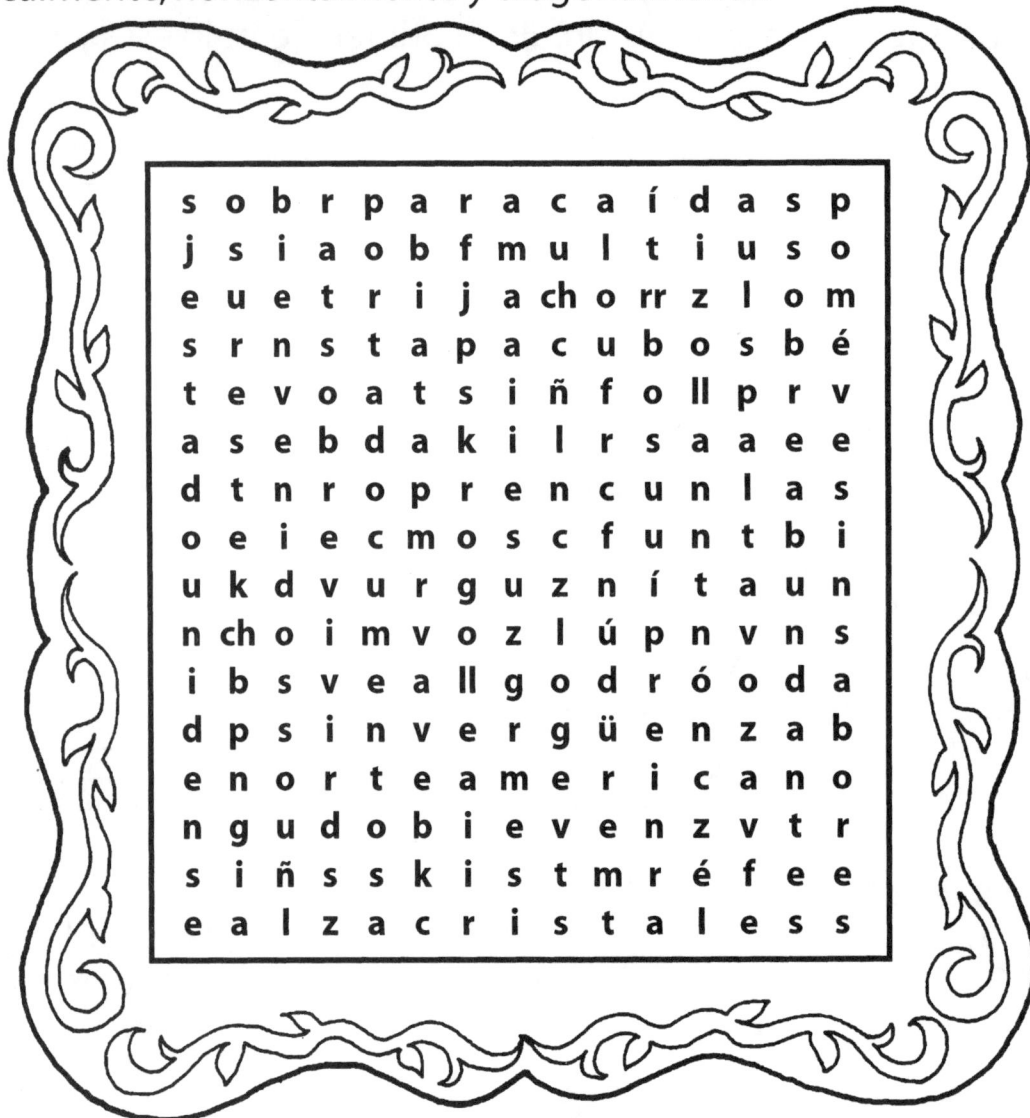

```
s  o  b  r  p  a  r  a  c  a  í  d  a  s  p
j  s  i  a  o  b  f  m  u  l  t  i  u  s  o
e  u  e  t  r  i  j  a ch  o  r  r  z  l  o  m
s  r  n  s  t  a  p  a  c  u  b  o  s  b  é
t  e  v  o  a  t  s  i  ñ  f  o ll  p  r  v
a  s  e  b  d  a  k  i  l  r  s  a  a  e  e
d  t  n  r  o  p  r  e  n  c  u  n  l  a  s
o  e  i  e  c  m  o  s  c  f  u  n  t  b  i
u  k  d  v  u  r  g  u  z  n  í  t  a  u  n
n ch  o  i  m  v  o  z  l  ú  p  n  v  n  s
i  b  s  v  e  a ll  g  o  d  r  ó  o  d  a
d  p  s  i  n  v  e  r  g  ü  e  n  z  a  b
e  n  o  r  t  e  a  m  e  r  i  c  a  n  o
n  g  u  d  o  b  i  e  v  e  n  z  v  t  r
s  i  ñ  s  s  k  i  s  t  m  r  é  f  e  e
e  a  l  z  a  c  r  i  s  t  a  l  e  s  s
```

La lista de palabras:

estadounidense
portadocumentos
alzacristales
paracaídas
bienvenidos

altavoz
multiuso
sinfín
sinsabores
sobrevivir

norteamericano
tapacubos
sureste
sinvergüenza
sobreabundante

Usando palabras compuestas

Lecciones de lenguaje / Palabras y vocabulario—Nivel elemental
Copyright ©2003 de Incentive Publications, Inc.
Nashville, TN.

El museo de palabras compuestas

Llena las paredes del museo con dibujos originales de palabras compuestas.
El primer ejemplo está hecho para ti—¡ahora te toca a ti!

ANTE
+
(ojo)

ANTEOJOS

MINIFALDA

MATAMOSCAS

ANTEBRAZO

MATAMALEZA

MEDIANOCHE

CUBRELIBRO

SOBRECAMA

ABRELATAS

Escribe cinco mas palabras compuestas
para ampliar la collección del museo.

1. _____

2. _____

3. _____

4. _____

5. _____

Nombre: _____   Fecha: _____   31

Usando palabras compuestas

Nubes de palabras

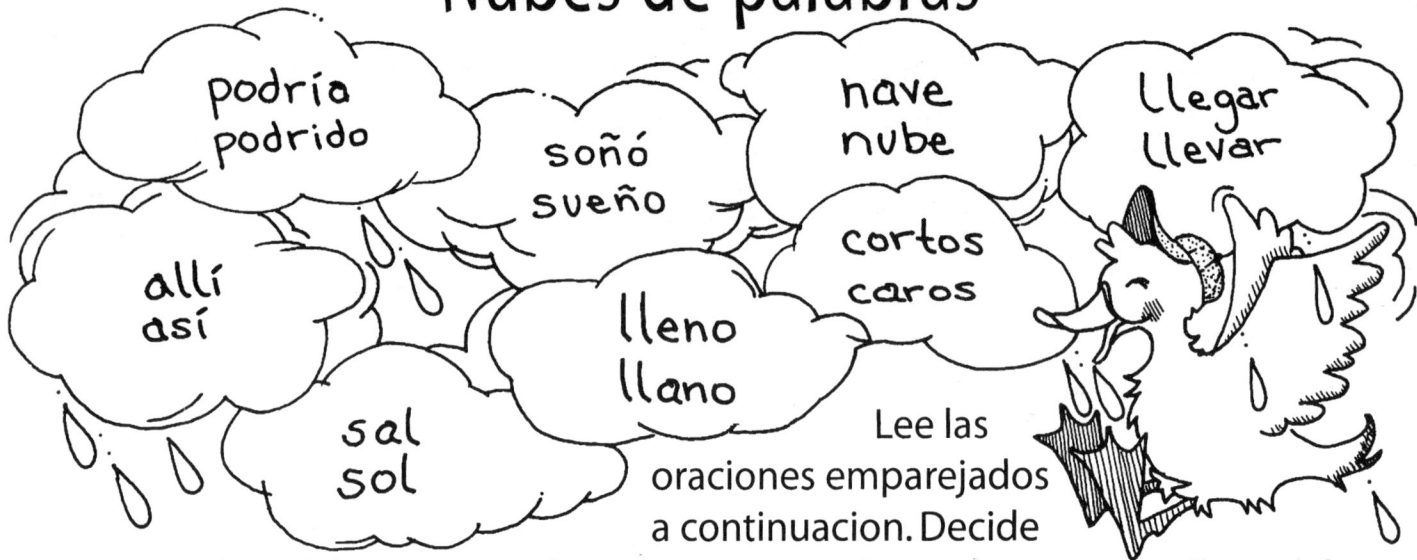

podría
podrido

soñó
sueño

nave
nube

llegar
llevar

allí
así

cortos
caros

lleno
llano

sal
sol

Lee las oraciones emparejados a continuacion. Decide cual pareja de palabras mas arriba pertinece a cuales oraciones y escribe palabras al lado de las frases, dentro de las nubes. Entonces completa las oraciones acertando la palabra correcta de la pareja que escribiste en la nube.

1. Quisiera_____el vestido de seda azul.
   Es necesario _____ a tiempo.

2. El _____del desierto es fuerte y brilla en un cielo sin nubes.
   Pon más _____ en la comida, por favor.

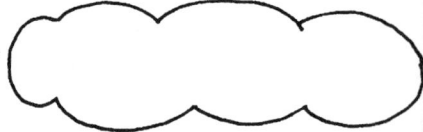

3. La gente va _____ para comprar ropa.
   Si verdaderamente es _____, estoy de acuerdo.

4. El terreno está completamente _____.
   El árbol está _____ de pájaros.

5. Si no tengo trabajo, _____ acompañarte.
   El tronco está totalmente _____.

6. La campana _____ varías veces.
   Tuve un _____ anoche, pero no lo recuerdo.

7. Estos capítulos son muy _____, pero el libro entero es largo.
   Estos recuerdos me son muy_____.

8. La _____oscura pasó lentamente por el cielo.
   La _____soltó las amarras y dejó la costa atrás.

Nombre: _____   Fecha: _____

Discriminando entre palabras que parecen similares pero que se pronuncian distintamente

Lecciones de lenguaje / Palabras y vocabulario—Nivel elemental
Copyright ©2003 de INCENTIVE Publications, Inc.
Nashville, TN.

Palabras parecidas

1. Estudia las palabras en cada fila.

2. Tacha la palabra en cada fila que no pertenece.

3. Traza un círculo alrededor de la forma plural de cada palabra.

1. lápiz	lava	lápices	8. pelota	pilotos	piloto
2. cacerola	cazador	cacerolas	9. bicho	bistro	bichos
3. dedo	dedos	dadiva	10. rocas	ropera	roca
4. sombreros	sombra	sombrero	11. cintas	cita	cinta
5. árbol	ávido	árboles	12. cuerda	cuerno	cuerdas
6. parada	paradas	piramide	13. bote	botes	bota
7. carta	carpeta	cartas	14. rabo	raso	rabos

Nombre: _____ Fecha: _____

Lecciones de lenguaje / Palabras y vocabulario—Nivel elemental
Copyright ©2003 de Incentive Publications, Inc.
Nashville, TN.

Reconociendo y usando asociaciones de palabras

De dos en dos

El viejo Noé hizo el Arca.

Cuando Noé hizo el Arca, hizo entrar a las criaturas de dos en dos.

Escribe las palabras en el plural listadas al pie de la página para completar la lista de pasajeros de Noé.

Oso _____   Gallo _____

Becerro _____   Octopus _____

Ciervo _____   Gorrión _____

Mosca _____   Elefante _____

Girafa _____   Mariposa _____

Ganso _____   Tigre _____

Ratón _____   Cabra _____

Oveja _____   Paloma _____

Lobo _____   Zorro _____

Plurales:

becerros	ovejas	ciervos	gorriones	octopuses
lobos	gansos	zorros	palomas	tigres
moscas	ratones	gallos	elefantes	
girafas	osos	cabras	mariposas	

Nombre: _____   Fecha: _____

Lecciones de lenguaje / Palabras y vocabulario—Nivel elemental

Habilidades en la comprensión de las palabras y en la sensibilidad

¡Creando un jeroglífico!

Creando un jeroglífico ofrece otro modo de escribir información.

Cuando haces dibujos que identifiquen pensamientos, estás creando un jeroglífico. Trata de dibujar un jeroglífico que corresponda al significado de cada una de las siguientes oraciones. (El primer jeroglífico ya se hace como un ejemplo.)

1. No oír nada mal, no ver, ni hablar nada mal.

2. Crucemos el río y vayamos por el bosque, así llegamos a la casa de la abuela.

3. Bailemos el twist, bailemos y gritemos.

4. Mi familia va de camping mañana por la mañana.

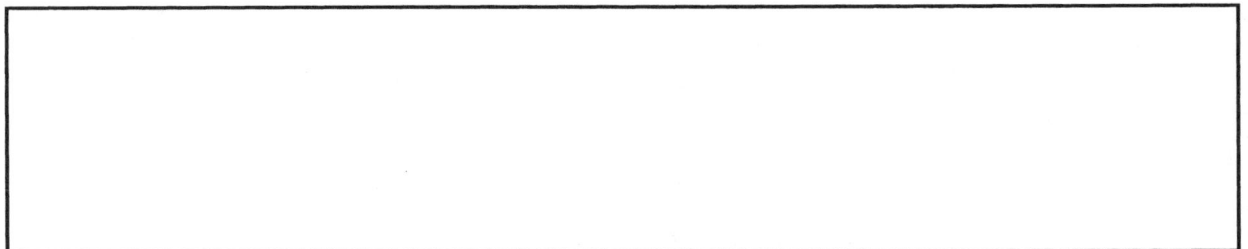

Nombre:

Fecha:

Usando claves gráficas

Lecciones de lenguaje / Palabras y vocabulario—Nivel elemental
Copyright ©2003 de Incentive Publications, Inc.
Nashville, TN.

¿Debe o no debe visitar?

Ciertas palabras pueden ser usadas en más de una manera en una oración.

Lee las oraciones que siguen.

Selecciona la palabra de la lista de palabras que corresponde mejor con cada espacio.

Utilizarás las palabras más de una vez.

Utiliza una de las palabras en una nueva oración tuya para acabar la historia.

LISTA DE PALABRAS

bien   visita

1. La abuelita ¿se está sintiendo _____ ahora?

2. Hoy mi hermana la _____.

3. Ella siempre anticipa con gusto la _____ de uno de nosotros.

4. La semana pasada ella estaba resfriada y me dijo "No me _____, entonces.

5. Cuando mira las flores que mi hermana trae, exclamará "!Que _____ ! me encantan las rosas!"

6. Pues _____, espero que mi abuelita pueda recibir la _____ de mi hermana hoy.

7. _____

_____ .

Nombre: _____   Fecha: _____ 37

Lecciones de lenguaje / Palabras y vocabulario—Nivel elemental
Copyright ©2003 de Incentive Publications, Inc.
Nashville, TN.

Usando claves contextuales

Lujos de manzana

Piensa en las muchas maneras en que usamos la manzana. Añade una palabra más a cada manzana seguida por un espacio en la cesta para crear un gusto de manzana.

Si piensas en aún más maneras de usar la manzana cuando ya no queda ni una manzana en la cesta, ¡escribe tus ideas en la tarjeta de receta en blanco!

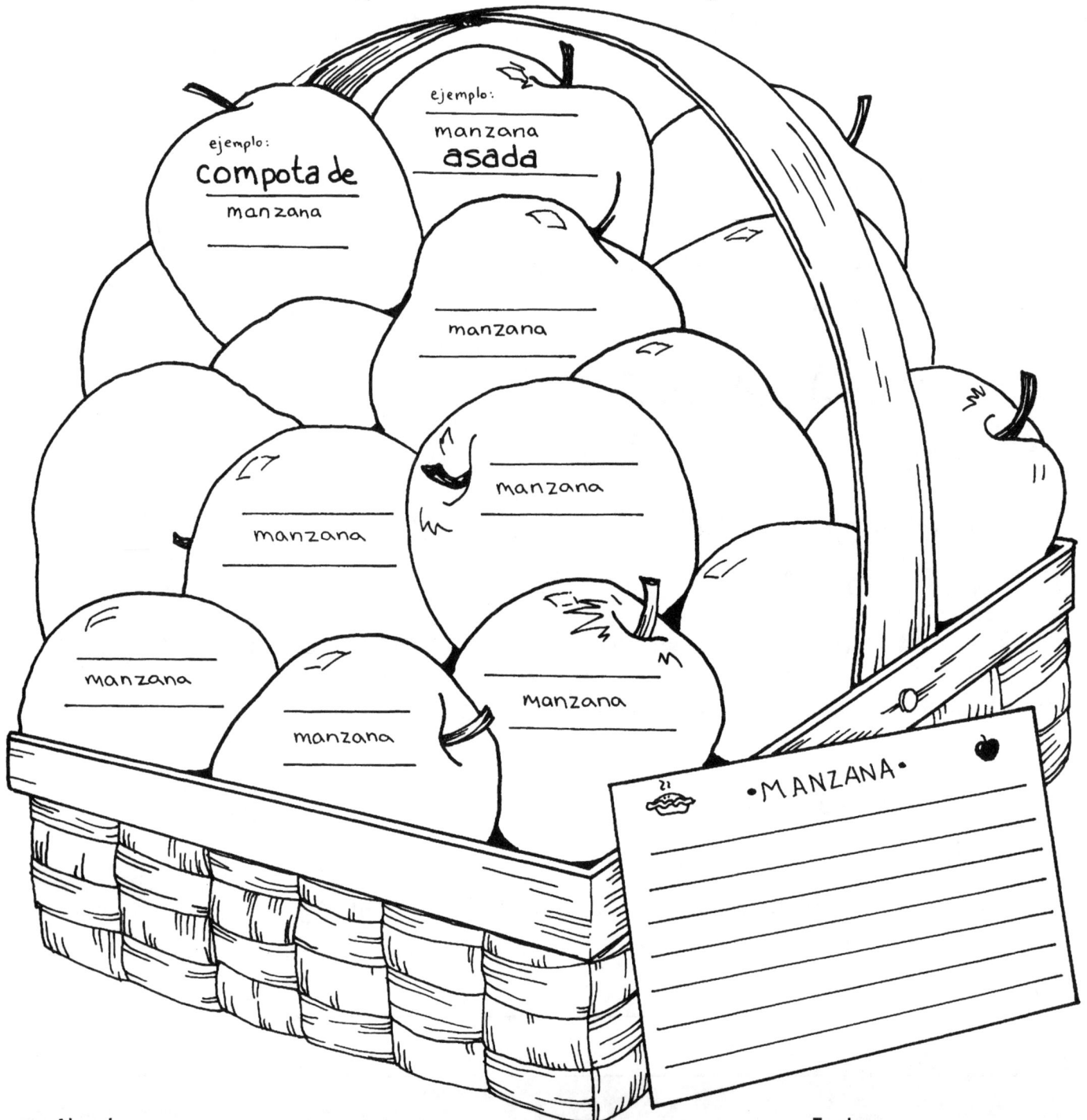

ejemplo:
compota de
manzana

ejemplo:
manzana
asada

manzana

manzana

manzana

manzana

manzana

manzana

• M A N Z A N A •

Nombre:

Fecha:

*Definiendo palabras
por clasificación o función*

Lecciones de lenguaje / Palabras y vocabulario—Nivel elemental
Copyright ©2003 de INCENTIVE PUBLICATIONS, Inc.
Nashville, TN.

El armario de Cenicienta

El armario de Cenicienta está todo desordenado. Ella ha estado tan ocupada fregando los suelos y haciendoles mandados para sus malas hermanastras que muy poco tiempo ha tenido para ella misma.

Ayúdala a arreglarse para salir con el príncipe, señalando el objeto en cada casilla que no pertenece allí.

Nombre: Fecha:

Lecciones de lenguaje / Palabras y vocabulario—Nivel elemental
Copyright ©2003 de Incentive Publications, Inc.
Nashville, TN.

Definiendo palabras
por clasificación o función

El Señor Mack necesita ayuda

El Señor Mack necesita ayuda.

Las frutas y los vegetales están mezclados.

Señala la palabra en cada cesta que no pertenece allí.

Dibuja tres frutas en la cesta de fruta vacía
y luego tres vegetales en la cesta
de vegetales vacía.

· ZANAHORIA ·

· LECHUGA ·

· PERA ·

VEGETALES

· BANANA ·

· MANZANA ·

· PATATA ·

FRUTAS

· ESPINACA ·

· ARÁNDANO ·

· NARANJA ·

FRUTAS

· UVA ·

· APIO ·

· CEREZA ·

FRUTAS

· HABAS ·

· CEBOLLA · · LIMÓN ·

VEGETALES

FRUTAS

VEGETALES

Nombre:

Fecha:

*Definiendo palabras
por clasificación o función*

Lecciones de lenguaje / Palabras y vocabulario—Nivel elemental
Copyright ©2003 de Incentive Publications, Inc.
Nashville, TN.

Pastel gramatical

Los sustantivos y los verbos y otras partes de la oración son ingredientes recetarios para crear oraciones. Hay que combinarlos correctamente para que una oración ofrezca una idea integral.

Lee las direcciones de receta que siguen. Indica la parte de la oración de cada palabra subrayada, escribiendo su nombre en las líneas numerados de la crucigrama.

PASTEL

PASTEL GRAMATICAL
2 tazas de harina   1 taza de leche
¼ cucharadita de sal   2 huevos
½ taza de azúcar   2 cucharadas de canela
¼ caja de galletas integrales desmenuzadas
½ cucharadita de levadura en polvo
¼ cucharadita de vainilla

INSTRUCCIONES

H
1. Pimero, ponga un bol _en_ la mesa.
3. Mida los _ingredientes_ CUIDADOSAMENTE.
4. Bien _mezcle_ y póngalos en un molde _limpio_ para pastel.
5. _Cocine_ a 350 grados por 25-30 minutos.

V
1. Quite _usted_ el pastel del horno y deje enfriar.
2. Decore el pastel con un glaseado bello _y_ delicioso.
4. ¡Ahora su pastel está _bien_ listo para comer.

Lecciones de lenguaje / Palabras y vocabulario—Nivel elemental
Copyright ©2003 de Incentive Publications, Inc.
Nashville, TN.

Definiendo palabras
por clasificación o función

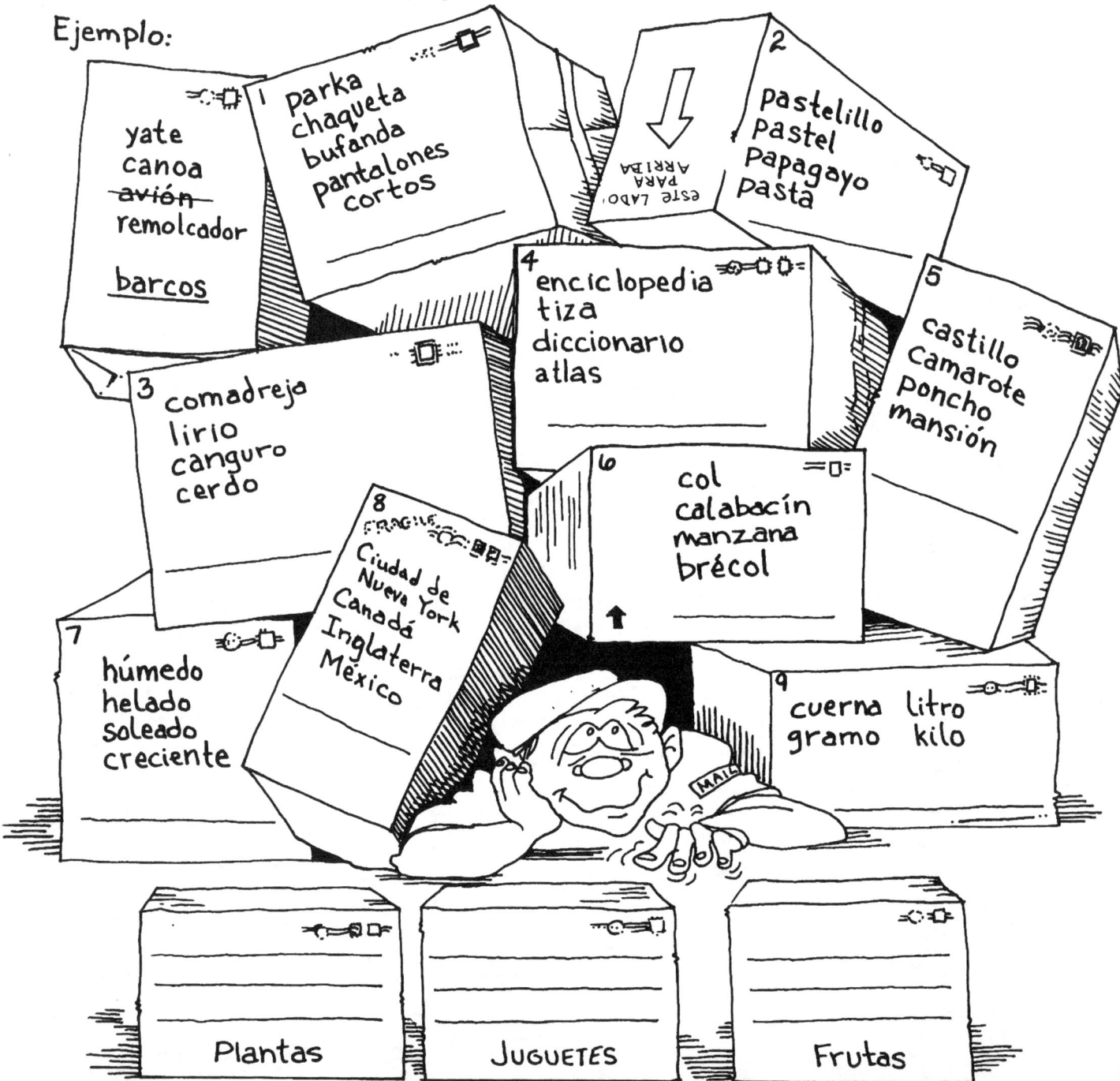

La confusión de clasificación

Todos estos paquetes llegaron atropelladamente al Centro de clasificación. Favor de ponerlo todo en orden, tachando la palabra en cada paquete que no pertenece. En la linea que se encuentra por debajo de cada paquete, escribe una palabra de clasificación para las palabras que quedan en la raya que. (Utiliza tu diccionario si necesitas ayuda.) Entonces, escribe 3 palabras para cada palabra de clasificación listada en las cajas al pie de la página.

Ejemplo:

1
yate
canoa
~~avión~~
remolcador

barcos

parka
chaqueta
bufanda
pantalones
cortos

2
pastelillo
pastel
papagayo
pasta

este lado
para
arriba

4
enciclopedia
tiza
diccionario
atlas

5
castillo
camarote
poncho
mansión

3
comadreja
lirio
canguro
cerdo

6
col
calabacín
manzana
brécol

8
FRAGILE
Ciudad de
Nueva York
Canadá
Inglaterra
México

7
húmedo
helado
soleado
creciente

9
cuerna   litro
gramo   kilo

Plantas

Juguetes

Frutas

Nombre:

Fecha:

*Definiendo palabras
por clasificación o función*

Lecciones de lenguaje / Palabras y vocabulario—Nivel elemental
Copyright ©2003 de Incentive Publications, Inc.
Nashville, TN.

¿Qué tiempo hace?

Escribe una oración completa para dar un boletín meteorológico sobre cada una de las escenas que se ven abajo.

1. _____
   _____
   _____
   _____
   _____

2. _____
   _____
   _____
   _____
   _____

3. _____
   _____
   _____
   _____

Nombre: _____   Fecha: _____

Usando palabras precisas

Sobre la pista de las palabras

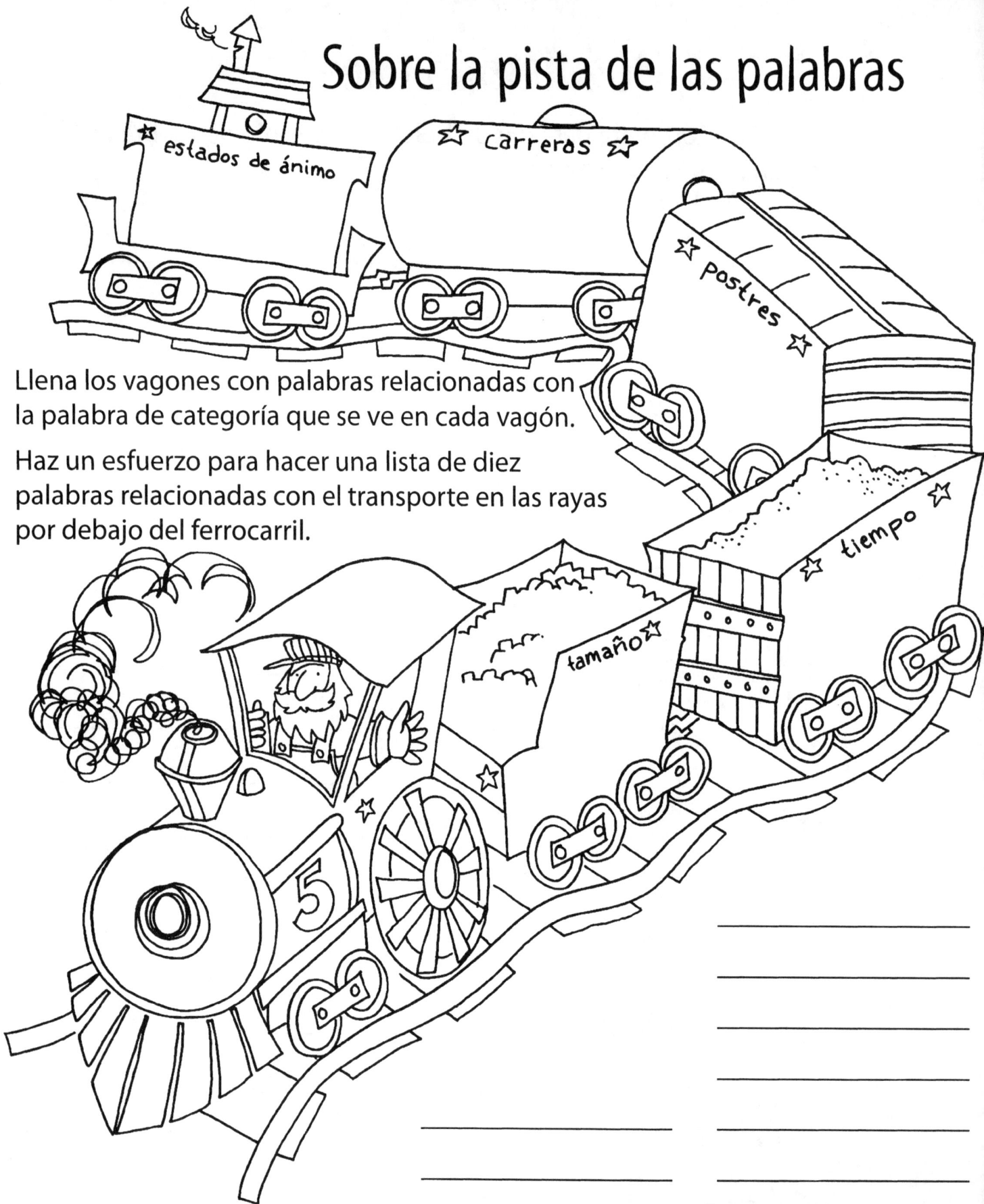

estados de ánimo

carreras

postres

tiempo

tamaño

Llena los vagones con palabras relacionadas con la palabra de categoría que se ve en cada vagón.

Haz un esfuerzo para hacer una lista de diez palabras relacionadas con el transporte en las rayas por debajo del ferrocarril.

5

_____

_____

_____

_____

_____

Nombre: _____

Fecha: _____

Lecciones de lenguaje / Palabras y vocabulario—Nivel elemental
Copyright ©2003 de Incentive Publications, Inc.
Nashville, TN.

Un día tempestuoso

Lee este párrafo cuidadosamente. Luego, haz un chequeo de tu conocimiento de vocabulario, siguiendo las direcciones para completar la prueba.

1. El viento frío de noviembre soplaba y gemía, llevando las malas hierbas muertas del jardín delante de la mansión abandonada. **2.** Los postigos de madera golpeaban ruidosamente contra las ventanas como el viento invernal trataba de arrancarlos de sus bisagras medio rotas y las murallas podridas parecían estremecerse con cada golpe de los puños helados de la tormenta. **3.** Una lluvia azotadora diluviaba del cielo nuboso y amenazador, haciendo del jardín desierto un lago negro y triste que lentamente y de modo amenazante se acercaba a los peldaños de hormigón que ya se desmoronaban mientras que hojas muertas flotaban como barcos fantasmagóricos en las aguas crecientes. **4.** Hubo un relámpago amarillo que pasó por el cielo con una rapidez increíble. Cayó en un viejo roble muerto al lado de la casa. **5.** El árbol alcanzado por el rayo empezó a estremecerse, temblando en sus raíces podridas. **6.** Despacio y silenciosamente comenzó a caer.

1. Dibuja un círculo alrededor de la palabra que mejor te ayuda a comprender el significado de la palabra **viento** en la oración número 1 de la historia.
   Noviembre   soplaba   delante

2. Dibuja un círculo alrededor de las cuatro palabras en la oración número 2 que describen el tiempo.

3. Dibuja un círculo alrededor de la palabra que significa lo mismo que la palabra **muertas** tal como está utilizada en la oración número 1.
   difuntas   muriendo   viejas

4. Dibuja un círculo alrededor de la palabra que significa lo contrario de **muertas** tal como está utilizada en la oración número 1.
   lindas   marchitadas   vivas

5. Dibuja un círculo alrededor de la palabra en la oración número 3 que describe la lluvia al caer del cielo.
   nuboso   amenazador   diluviaba

6. Dibuja un círculo alrededor de la palabra mejor que podría reemplazar **silenciosamente** en la oración número 6 para que la oración sea más comprensible.
   ruidosamente
   tranquilamente
   rápidamente

Nombre: Fecha:

*Entendiendo los significados
múltiples de una palabra*

7. Dibuja un círculo alededor de la palabra que mejor describe cómo un niño se sentiría en aquel jardín tempestuoso.

> despreocupado
>
> asustado
>
> contento

8. Subraya la frase de cuatro palabras en el párrafo que significa lo mismo que: **"Llovía a cántaros."**

9. Dibuja un círculo alrededor de la palabra que describe mejor el estado de ánimo indicado en la oración número 3.

> estremecedor
>
> alegre
>
> pensativo

10. En la oración número 3, **lluvia** es a **cielo** como **plantas** son a:

> ramos
>
> tierra
>
> catálogos

11. Dibuja un círculo alrededor de la palabra que no describe el roble en la oración número 4.

> amarillo
>
> viejo
>
> muerto

12. Dibuja un círculo alrededor de la palabra que podría utilizarse para sustituir **trataba** en la oración número 2.

> rugía
>
> intentaba
>
> se inclinaba

13. Dibujala un circulo alrededor de la palabra que podría utilizarse para sustituir **se desmoronaban** en la oración número 3.

> descendían
>
> erodiaban
>
> trepaban

14. Dibuja un círculo alrededor de la palabra que podría añadirse correctamente al final de la oración número 6.

> dentro
>
> junto
>
> adelante

15. Escribe las dos palabras de la oración número 3 que son adjetivos sinónimos.

_____

_____

_____

_____

16. Dibuja un círculo alrededor de la palabra que podría usarse en un poema para rimar con **roble**.

> móbil
>
> estable
>
> dóble

Nombre: _____

Fecha: _____

Entendiendo los significados múltiples de una palabra

Lecciones de lenguaje / Palabras y vocabulario—Nivel elemental
Copyright ©2003 de Incentive Publications, Inc.
Nashville, TN.

Luces y cruces

Jeanne es verdaderamente astuta en cuanto a las palabras.

Le encanta reunir palabras que tienen más de un significado y usarlas para crear juegos.

Selecciona una palabra del arca abajo para ayudar a Jeanne a completar el tablero de juegos que está creando.

La palabra seleccionada debe corresponder a ambos significados en el cuadrado.

- envase
- barco

- pueblo
- casa de los romanos

- inversión
- cantidad de dinero

- batería
- fuente

- insecto molesto
- persona que vive de gorra

estrecho tronco
fondo espacio

pila villa mosca
lata bote masa

- ingrediente para preparar pan
- volumen de agua o de aire

- leño
- parte de un árbol

- agua que divide una isla del continente
- apretado

- algo molesto
- un receptáculo para galletas, etc.

- hueco
- recinto

Fecha:

47

Lecciones de lenguaje / Palabras y vocabulario—Nivel elemental
Copyright ©2003 de Incentive Publications, Inc.
Nashville, TN.

Entendiendo los significados múltiples de una palabra

Subiendo la colina

Juan y Juanita querían subir la colina. Pero iban resbalándose en las piedras.

Ayúdales a Juan y a Juanita a llegar a la cima.

Selecciona el sinónimo o el antónimo correcto del balde y escríbelo en cada piedra. Un antónimo es una palabra que significa el opuesto de otro palabra.

positivo
no
crear
mucho
-ul
izquierda
después
principio
descontento
encender
sin
ligero
veloz
bella
seco
hundir
copia
perder
largo
fácil
tardo
enérgico
risa
minúsculo
simpática
fuerte
enfermar
maduro
odio
abierto

destruir
perezoso
dificil
negativo
sí
poco
pesado
apagar
lento
contento
fea
mojado
enorme
escasez
flotar
fin
inmaturo
ceño
corto
ganar
temprano
cerrado
amor
antipática
derecha
con
sanar
antes
débil

ANTÓNIMOS

Nombre:

Fecha:

Reconociendo antónimos

Lecciones de lenguaje / Palabras y vocabulario—Nivel elemental

Formando pares

Patita está volviendo a escribir su ensayo y quiere añadir algunas palabras más emocionantes sustituyendo sinónimos.

Un sinónimo es una palabra que significa lo mismo que otra palabra.

Mira las palabras más abajo y ayuda a Patita a escribir un sinónimo para cada palabra.

enojada

muchos

pequeño

grande

feliz

barco

asustado

carne

pluma

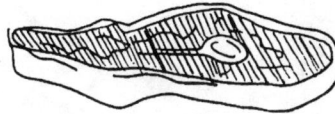

Nombre:

Fecha:

*Usando sinónimos
para palabras familiares*

La lista de palabras de Marisa

A Marisa le encanta solucionar problemas y hacer rompecabezas.

Hoy está creando una lista de antónimos para un acertijo que quiere hacer esta noche. (Un antónimo es una palabra que significa el opuesto de otra palabra.)

Ayuda a Marisa escribiendo un antónimo para cada palabra en su lista.

1. limpio _____

2. oscura _____

3. triste _____

4. caliente _____

5. fondo _____

6. adelante _____

7. bajo _____

8. pequeño _____

9. valiente _____

10. torpe _____

11. soleada _____

12. generoso _____

13. sonreir _____

14. noche _____

15. rápida _____

Nombre: _____

Fecha: _____

Usando antónimos corrientes para palabras familiares

Lecciones de lenguaje / Palabras y vocabulario—Nivel elemental

Jugando al escondite

Para cada una de las palabras listadas más abajo, busca y colorea la imagen correspondiente que está escondida en el dibujo.

Para cada palabra, escribe la palabra inglesa al lado de la palabra española.

1. ocho   _____

2. oso   _____

3. abeja   _____

4. chico   _____

5. zanahoria _____

6. gama   _____

7. flor   _____

8. nudo   _____

9. cubo   _____

10. pera   _____

11. vela   _____

12. té   _____

13. trono   _____

Nombre: _____   Fecha: _____   51

*Imágenes escondidas
y vocabulario inglés*

La villa de veraneo

Escribe una historia acerca de la visita de Victoria y Victor a la Villa de veraneo. En la historia, utiliza todas las palabras empezando con la letra "V" que puedas. Usa la lista de palabras que sigue para ayudarte a escribir la historia.

_____

_____

_____

_____

_____

_____

_____

_____

_____

_____

_____

Lista de palabras (Usa tu diccionario para encontrar aún más.)

villa	vago	vagabundo	vegetal	venir
vacante	villano	vehículo	vicio	vinagre
viaje	válido	visitante	vacío	vanguardia

Nombre: _____   Fecha: _____

Demostrando habilidades
de desarrollo de vocabulario

La bola de cristal

Mira la bola de cristal. Busca la palabra que completa cada oración.
Escribe cada palabra en el espacio que corresponde.

1. _____ es para **hada** lo que **bastón** es para **mago**.

2. _____ es para **reina** lo que **sombrero de pico** es para **duende**.

3. **Cantar** es para **pájaro** lo que _____ es para **sapo**.

4. _____ pisar es para una **princesa** lo que **pisar** es para **un gigante**.

5. Una **pizarra** fue para **estudiantes de antaño** lo que un _____ es para **estudiantes de hoy día**.

6. Una **taza** es para un **platillo** lo que un _____ es para un **mantel individual**.

7. La **luna** es para **la noche** lo que el _____ es para **el día**.

Nombre: _____   Fecha: _____

Lecciones de lenguaje / Palabras y vocabulario—Nivel elemental
Copyright ©2003 de Incentive Publications, Inc.
Nashville, TN.

Reconociendo y usando analogías

El escaparate de emociones

¿Cómo manifiestas tus emociones?

contenta   triste   asustado   sorprendida

Escribe una oración completa diciendo cómo reaccionas cuando:

…estás contento.

_____

_____

…estás triste.

_____

_____

…estás asustado.

_____

_____

…estás sorprendido.

_____

_____

Asociando palabras con emociones

Saludos

Las tarjetas de felicitación más bonitas son las que están hechas a mano para una persona especial.

Busca las palabras que corresponden en las dos columnas abajo para crear mensajes que se pueden mandar para cada una de las ocasiones que aparecen en la lista.

Escribe el mensaje de las columnas en la raya al lado de la ocasión apropiada.

Te ruego aceptar . . .   . . . la mejor celebración que jamás has tenido

Espero que tengas . . .   . . . pensamientos alegres

Enviando . . .   . . . condolencias

Pensando . . .   . . . felicidades

Ofreciendo . . .   . . . buena salud

Sinceras . . .   . . . deseos especiales

Deseándote . . .   . . . mi agradecimiento

CUMPLEAÑOS·_____

GRACIAS·_____

ANIVERSARIO·_____

ENFERMEDAD·_____

VACACIONES·_____

AMISTADES·_____

PÉSAME·_____

Nombre: _____   Fecha: _____

Lecciones de lenguaje / Palabras y vocabulario—Nivel elemental
Copyright ©2003 de Incentive Publications, Inc.
Nashville, TN.

Asociando palabras con emociones

¿Cómo te sentirías tú?

Por debajo de cada dibujo, escribe una oración diciendo cómo te sentirías si tú fueras la persona en el dibujo.

Cuando acabes, colorea los dibujos.

_____

_____

_____

_____

_____

_____

_____

_____

_____

_____

_____

_____

Nombre: _____   Fecha: _____

Asociando palabras con emociones   *Lecciones de lenguaje / Palabras y vocabulario—Nivel elemental*

Sustantivos ocultos

Mientras sus amigos están mirando la televisión, Bartolme y Benjamín están jugando juegos de palabras. Su juego favorito es buscar el sustantivo oculto.

¿Quieres jugar con ellos? En cada palabra, tienes que buscar un sustantivo oculto. Escríbelo al lado de la palabra que corresponde.

Entrenar _Tren_____   Desbloquear_____

Ruidosamente _____   Inculpar_____

Arruinado _____   Incontrolado_____

Desarrugar _____   Indecoroso _____

Leñador _____   Lesionar _____

Ligar _____   Limar _____

Listado _____   Remesar_____

Lecciones de lenguaje / Palabras y vocabulario—Nivel elemental
Copyright ©2003 de Incentive Publications, Inc.
Nashville, TN.

Demostrando sensibilidad
acerca de las palabras

Caliente o frío

Este iglú fue construido con palabras "frías."
Caliéntalo añadiendo palabras "calientes."

Usa algunas de las palabras para escribe una frase que describe el iglú.

_____

_____

hielo

frío

helarse

ventisca

congelado

fresquito

fresco

nieve

carámbanos

helado

crudo

Formando impresiones sensoriales

Lecciones de lenguaje / Palabras y vocabulario—Nivel elemental

Listas para el compositor de listas

Escribe 5 palabras para cada palabra que se ve en la lista abajo.
El primer ejemplo está hecho para ayudarte.

emoció/nes

1. triste
2. contento
3. solitario
4. amistoso
5. enfadado

el tiempo

1. _____
2. _____
3. _____
4. _____
5. _____

el frío

1. _____
2. _____
3. _____
4. _____
5. _____

formas

1. _____
2. _____
3. _____
4. _____
5. _____

Ahora crea dos listas de palabras originales tuyas.

1. _____
2. _____
3. _____
4. _____
5. _____

1. _____
2. _____
3. _____
4. _____
5. _____

Nombre: _____   Fecha: _____ (59)

Personajes aliterativos

Escribe una historia divertida llena de consonantes para cada uno de los personajes que se ven abajo.

En cada historia, usa todas las palabras posibles que empiezan con la misma letra con que empieza el nombre del personaje.

Bartolomé Burbujas

Las burbujas de Bartolomé baten en belleza las burbujas de Berta o de Boris.

Bebe bastante bebidas baratas y buenos batidos también.

Triste Tomás

_____

_____

_____

_____

Juana Juguetona

_____

_____

_____

_____

Formando impresiones sensoriales

Lecciones de lenguaje / Palabras y vocabulario—Nivel elemental
Copyright ©2003 de Incentive Publications, Inc.
Nashville, TN.

¡Imagínate!

El primer oficial Blake tenía la costumbre de llevar un diario.

En particular, le gusta usar modismos porque tienen un significado distinto de lo que las palabras mismas dicen.

Al lado de cada modismo que Blake anotó en su diario, haz un dibujo para demostrar cómo resultaría si las palabras verdaderamente querían decir lo que dicen.

1. Llovía a cántaros.	4. Norma estaba durmiendo como un tronco.
2. ¿Te ha comido la lengua el gato?	5. Se ha dado vuelta la tortilla.
3. Vicente tiene la cabeza llena de pájaros.	6. Vamos, suéltate la melena y vente a tomar una copa.

Nombre: _____   Fecha: _____

Lecciones de lenguaje / Palabras y vocabulario—Nivel elemental
Copyright ©2003 de Incentive Publications, Inc.
Nashville, TN.

Interpretando expresiones figurativas e idiomáticas

Dílo de otro modo

Los buenos escritores constantemente buscan nuevas palabras distintas para hacer más vivo lo que escriben.

Selecciona dos palabras de la caja de palabras para sustituir cada una de las palabras que se ven abajo.

Añade una palabra original tuya a cada lista. Utiliza tu tesauro si necesitas ayuda.

Lista de palabras

herir	esconder	originar	dañar
aburrido	minúsculo	disfrazar	anciano
antiguo	comenzar	torpe	pequeño

doler _____

_____

soso _____

_____

viejo _____

_____

ocultar _____

_____

pequeñito _____

_____

empezar _____

_____

Nombre: _____   Fecha: _____

Interpretando sensaciones sugeridas por palabras

Lecciones de lenguaje / Palabras y vocabulario—Nivel elemental
Copyright ©2003 de Incentive Publications, Inc.
Nashville, TN.

Una adivinanza de saltos

¿Cuál es el animal que es de Australia, que salta por todas partes y que tiene una bolsa llena? Completa lo siguiente con las letras que corresponden, y ¡ya sabrás!

A = 1	CH = 4	F = 7	I = 10	L = 13	N = 16	P = 19	S = 22	V = 25	Y = 28
B = 2	D = 5	G = 8	J = 11	LL = 14	Ñ = 17	Q = 20	T = 23	W = 26	Z = 29
C = 3	E = 6	H = 9	K = 12	M = 15	O = 18	R = 21	U = 24	X = 27	

A = 1   CH = 4   F = 7   I = 10   L = 13   N = 16   P = 19   S = 22   V = 25   Y = 28
B = 2   D = 5   G = 8   J = 11   LL = 14   Ñ = 17   Q = 20   T = 23   W = 26   Z = 29
C = 3   E = 6   H = 9   K = 12   M = 15   O = 18   R = 21   U = 24   X = 27

$\overline{13}$ $\overline{1}$ $\overline{15}$ $\overline{1}$ $\overline{5}$ $\overline{21}$ $\overline{6}$

$\overline{3}$ $\overline{1}$ $\overline{16}$ $\overline{8}$ $\overline{24}$ $\overline{21}$ $\overline{18}$

$\overline{3}$ $\overline{18}$ $\overline{16}$ $\overline{23}$ $\overline{21}$ $\overline{6}$ $\overline{22}$

$\overline{2}$ $\overline{6}$ $\overline{2}$ $\overline{6}$ $\overline{22}$

Escribe algunas palabras de acción para describir 10 cosas más que el animal puede hacer:

1. _____
2. _____
3. _____
4. _____
5. _____
6. _____
7. _____
8. _____
9. _____
10. _____

Nombre: _____

Fecha: _____

Lecciones de lenguaje / Palabras y vocabulario—Nivel elemental
Copyright ©2003 de Incentive Publications, Inc.
Nashville, TN.

Asociando palabras con descripciones

¿Quién es la Señora Requetebién?

Un adjetivo es una palabra que describe o ayuda a dar una mejor idea de un sustantivo.

Aquí te presentamos la Señora Requetebién. Ella vive en el alto de una montaña bien fría en un país lejano.

Escribe un adjetivo en cada parte de su cuerpo para describirla.

Nombre:

Fecha:

Reconociendo y usando palabras descriptivas

Lecciones de lenguaje / Palabras y vocabulario—Nivel elemental
Copyright ©2003 de Incentive Publications, Inc.
Nashville, TN.

Un camino de miedo

Para hallar la salida de esta casa de terror, sigue la pista de palabras de miedo. Usa una palabra de la lista de palabras para terminar cada oración.

Palabras para usar:

enfermo	asustado	aterrorizado	avergonzado
miedo	alarmado		
miedoso			

Cuando alguien me cuenta un cuento de miedo, yo estoy . . . . .

Si nuestro coche empieza a patinar por la calle, me quedo

. . . .

Cuando un perro callejero se pone a perseguir mi bicicleta estoy

. . . .

Cuando todo el mundo menos yo entiende un chiste, me siento

EMPIEZA AQUÍ

Cuando siento olor a humo en el zaguán, me quedo

. . . .

Cuando oigo ruidos inesperados en el medio de la noche, yo tengo . . . .

¡RÁPIDO! ¡Sálvate!

Nombre:

Fecha:

Lecciones de lenguaje / Palabras y vocabulario—Nivel elemental
Copyright ©2003 de Incentive Publications, Inc.
Nashville, TN.

Reconociendo y usando palabras descriptivas

Un paso hacia adelante

Va delante de los animales y tacha una letra sí y otra no en el camino, empezando con la primera letra 'sí' y la segunda 'no.'

Escribe los nombres de los animales según los conoces. Al lado del nombre de cada animal, escribe una palabra, sólo una, que puede usarse para describir el animal.

EMPIEZA

E D L S E Ú
R T I S G X E H T C N B A G F Ú
O A L F P A Y L H E J Ó K
E P R O G N I M T L N K
L S B E J R F P C I O E
Q N M
T P E Y M Í O Z N B O H Z F
B R E
E V L S A Ü R J
E
W O D P Ñ A Q R Í D G O

1. _____   5. _____
2. _____   6. _____
3. _____   7. _____
4. _____   8. _____

¿Cuál es el animal de la jungla que **menos** te gustaría confrontar en la jungla?

_____

Nombre: _____   Fecha: _____

Reconociendo y usando palabras descriptivas

Lecciones de lenguaje / Palabras y vocabulario—Nivel elemental
Copyright ©2003 de Incentive Publications, Inc.
Nashville, TN.

Colorear y escribir

Trata de usar cada lápiz de color o rotulador que tienes para colorear este dibujo.
Escribe 1 oración para describir la mariposa.
Escribe 1 oración para describir las flores.
Escribe 1 oración para describir los árboles.

_____

_____

_____

_____

_____

Nombre: _____   Fecha: _____   67

Características interesantes

Mira cuidadosamente a cada persona que se ve dibujada abajo:

Nombra a cada uno.

Escribe tres características que describen a cadauno.

Entonces escribe al pasa tiempo que a cada uno le guste, según tu imaginación.

1. _____ (nombre)

_____

_____

_____

PASATIEMPO: _____

2. _____ (nombre)

_____

_____

_____

PASATIEMPO: _____

3. _____ (nombre)

_____

_____

_____

PASATIEMPO: _____

4. _____ (nombre)

_____

_____

_____

PASATIEMPO: _____

Nombre: _____

Fecha: _____

Reconociendo y usando palabras descriptivas

Lecciones de lenguaje / Palabras y vocabulario—Nivel elemental
Copyright ©2003 de Incentive Publications, Inc.
Nashville, TN.

Un cuento divertido

Llena cada criatura que se ve abajo con palabras descriptivas.
Luego selecciona una de las criaturas y escribe un cuento divertido sobre ella.
Utiliza en el cuento todas las palabras descriptivas que escribiste.
Pon el mejor título que puedas al cuento para que indique al lector
de qué se trata.

_____

_____

_____

_____

_____

_____

_____

_____

_____

Nombre: _____   Fecha: _____ (69)

Explícalo

Haz un dibujo de un animal poco usual o de un animal en un contexto poco usual.
Colorea el dibujo.
Escribe 9 palabras que describen el animal. Utiliza las palabras en un
párrafo explicando a alguien precisamente cómo es el animal.

Lista de Palabras:

1. _____   4. _____   7. _____

2. _____   5. _____   8. _____

3. _____   6. _____   9. _____

_____

_____

_____

_____

_____

_____

Nombre: _____   Fecha: _____

*Reconociendo y usando
palabras descriptivas*

Lecciones de lenguaje / Palabras y vocabulario—Nivel elemental
Copyright ©2003 de Incentive Publications, Inc.
Nashville, TN.

Sin diccionario, por favor

Selecciona cualquier letra del alfabeto.

Sin usar el diccionario, trata de escribir 20 palabras que empiezan con aquella letra.

1. _____
2. _____
3. _____
4. _____
5. _____
6. _____
7. _____
8. _____
9. _____
10. _____

11. _____
12. _____
13. _____
14. _____
15. _____
16. _____
17. _____
18. _____
19. _____
20. _____

Sería divertido invitar a un amigo a hacer este ejercicio contigo.
Usando la misma letra, compite para ver quién puede escribir 20 palabras primero.

Si simplemente no puedes pensar en 20 palabras, aún después de hacer todo lo posible, pues, utiliza el diccionario para ayudarte.

Nombre: _____   Fecha: _____

Lecciones de lenguaje / Palabras y vocabulario—Nivel elemental
Copyright ©2003 de Incentive Publications, Inc.
Nashville, TN.

Demostrando conocimiento de palabras

¿Sabes reconocer las palabras?

Lee esta historia atentamente.
Luego contesta las preguntas que siguen.

1. Un día en medio de nuestro viaje, nos pusimos de acuerdo para visitar los lugares de interés. **2.** Nos dividimos en 3 grupos y decidimos reunirnos allí donde estaba aparcado el automóvil. **3.** A las tres de la tarde yo había olvidado ya dónde se encontraba el automóvil. **4.** "Vamos a ver si podemos encontrar el automóvil," dije a mi hermano mayor. **5.** Fuimos caminando hasta que vimos ciertas cosas familiares. **6.** "Está justo al otro lado de esta esquina," dijo mi hermano. **7.** "Por cierto—¡estupendo¡" dije yo. **8.** Doblamos la esquina, pero el automóvil no estaba allí. **9.** "Es que el automóvil ha desaparecido, o estamos perdidos?" pregunté.

1. Dibuja un círculo alrededor de la palabra que mejor puede usarse para sustituir "pusimos de acuerdo" para en la oración número 1.

    decidimos   querellamos   pensamos

2. Dibuja un círculo alrededor de la palabra que significa casi lo mismo que "dividimos" en la oración número 2.

    partimos   juntamos   quedamos

3. Dibuja un círculo alrededor de la palabra que significa el opuesto de "olvidado" en la oración número 3.

    adivinado   resbalado   recordado

4. Dibuja un círculo alrededor de la frase que explica mejor el significado de "familiares" en la oración número 5.

    los habíamos visto antes   no los habíamos vista nunca
    no sabíamos si los habíamos visto antes

5. Dibuja un círculo alrededor de la palabra que explica cómo la persona quien cuenta la historia se siente al final.

    contento   confuso   hambriento

Nombre: Fecha:

Demostrando conocimiento de palabras

Lecciones de lenguaje / Palabras y vocabulario—Nivel elemental
Copyright ©2003 de Incentive Publications, Inc.
Nashville, TN.

Toma la carretera de las palabras

Lenguaje

Matemáticas

Historia y Geografía

Ciencias

Poesía

Hazte coleccionista de palabras. Mira tus libros de texto o una obra de consulta y busca palabras realmente fuera de lo común acerca de estas asignaturas.

Busca palabras que no conoces.

Colecciona una palabra y su significado para inscribirla en cada señal.

Nombre:

Fecha:

(73)

El equipo de la construcción

Todo reportero sabe que todos los artículos periodísticos deben incluir información acerca de quién, cuándo, dónde, por qué y qué sucedió cuando está investigando una historia. Los mejores reporteros mantienen la atención de sus lectores, añadiendo suficientes palabras o frases descriptivas para prestar cierto "dinamismo" al texto.

Cada una de estas oraciones cuenta algo que le pasó a alguien. En otras palabras, tú sabes de "quién" se trata y de "qué" se trata. Añade una palabra o frase de cada columna que se ve abajo para construir, oraciones más interesantes que estas tan sencillas y sosas. Usa cada palabra o frase solamente una vez.

Dónde	Cuándo	"Dinamismo"
en otro planeta	el domingo pasado	hechicero
en la playa	al dar las doce	precioso
en una calle municipal	justo antes de anochecer	magnífico
en la entrada de la cueva	hoy hace un año	horroroso
en el jardín	ayer	poco realista
en el museo	la semana pasada	glamoroso
más allá del arco iris	al amanecer	desgarrador

1. Ella compró la blusa.

_____

2. Nosotros vimos la puesta del sol.

_____

3. Perdí mi cometa.

_____

4. Él oyó aquel grito.

_____

5. Mamá olió una rosa.

_____

6. La muchacha se puso a llorar.

_____

7. Ella oyó las noticias.

_____

Nombre: _____   Fecha: _____

Demostrando habilidades de apreciación de palabras

Lecciones de lenguaje / Palabras y vocabulario—Nivel elemental
Copyright ©2003 de Incentive Publications, Inc.
Nashville, TN.

El apéndice

La clave de respuestas

Página 12

Palabras que llevan mayúscula:

1. Juana	8. Martín
2. Diana	9. María
3. Miguel, Estatua, Libertad	10. Emilia
	11. Acción de Gracias
4. Sra Streams Brook St.	12. Golfo de México, Diciembre
5. Julia	13. ———
6. Pablo	14. África
7. Pueblo Pluma	15. El, Unidos

Página 13

Letras de color amarillo:

D, F, T, C, G, H, K, N, P, R, S, X, R, W, M

Letras de color naranja: A, U, E, O, I

Averiguar que los estudiantes han dibujado un círculo alrededor de los sonidos "U" largo en las siguientes palabras:

Ursula, Uvana, usualmente, su, único, su, ukulele, usar

Página 14

Si trabajas atentamente, puedes encontrar los consonantes que faltan justo debajo de la nariz del detective Adán el Astuto. Dibuja un círculo alrededor de un consonante ahí donde lo pones en su sitio correcto, y entonces sabrás que no debes buscarlo otra vez.

Adán el Astuto ha sido nombrado para resolver el gran caso del consonante. Una vez tras otra, los consonantes desaparecen en grandes números de oraciones que normalmente son perfectamente lógicas. Más consonantes faltan cada día. Las palabras empiezan sobre cogerse del pánico, y aunque Adán el Astuto es listo y valiente, él mismo se siente desesperado. ¿Puedes tú rescatarle?

Por favor, apúrate y vuelve a poner los consonantes perdidos para restablecer paz y tranquilidad al mundo de Adán el Astuto. El mensaje especial de Adán: "¡Gracias!"

Página 15

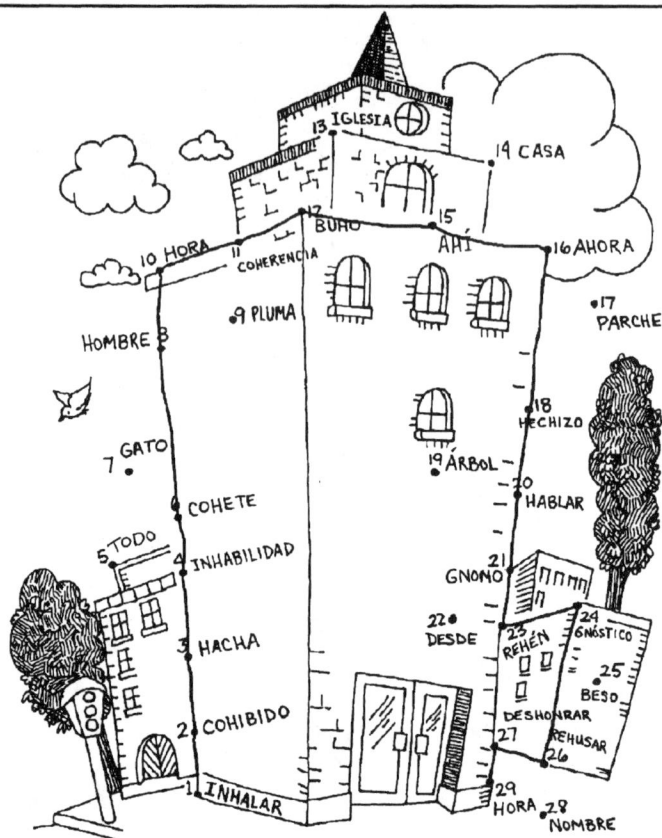

Página 16

marchaba	entraba	tiraba	
fumaba	tropezaba	cortaba	amaestraba
añadía	chocaba	amontonaba	siquía
emocionaba	salaba	caminaba	rodaba
enmarcaba	cogía	cargaba	plantaba
agradecía	llenaba	sacudía	permitía
rastreaba	soñaba	bebía	salía

Página 17

-ando	-iendo		-ando	-iendo
1. saltando			9.	transferiendo
2. planeando			10. amando	
3.	bebiendo		11.	tosiendo
4.	creciendo		12.	sonriendo
5.	viviendo		13.	gruñiendo
6. esperando			14. asaltando	
7. despertando			15. soplando	
8. tocando			16. cortando	

76

Lecciones de lenguaje / Palabras y vocabulario—Nivel elemental
Copyright © 2003 de Incentive Publications, Inc.
Nashville, TN.

La clave de respuestas

Página 18

1. Hallar
2. Buscar, encontrar
3. Entrando
4. Enderezar
5. Esforzando
6. Contar
7. desperdiciar
8. esperando

Página 19

1. muchachito	11. perrito
2. casita	12. gusanito
3. señorito	13. señorita
4. papelito	14. dinerito
5. mesita	15. manita
6. osito	16. hojita
7. poquito	17. platito
8. enanito	18. ratito
9. cartita	19. librito
10. gatito	20. hijita

Página 23

Averiguar que los estudiantes han eslabonado los dibujos y las palabras correctas.

Página 24

palabras de 2 sílabas coloreadas de naranja:
acción, lleno, pronto, globo, lucha, uno, cuando, verdad, podrir, tenis, faja, acto

palabras de 3 sílabas coloreadas de marrón:
galope, visita, tocino, caballo, mordida, pánico, molesto, director, propedad, cinccuenta, ventoso

palabras de 4 sílabas coloreadas de verde:
cerámica, peligroso, felicidad, patituerto, centellear, parecido

Página 25

adjetivo	adj.		
derecho	der.		
América Latina	Am.L		
Doctor	Dr.	febrero	feb.
México	Méx.	kilómetro	km.
Señor	Sr.	ingeniero	ing.
matemáticas	mat.	Avenida	Av.
calle	C	Estados Unidos	EE.UU
metro	m.	siglo	s.
diciembre	dic.	peseta	pta.
por ejemplo	p. ej.	María	Ma.
centímetro	cm.		
usted	Ud.		

Página 26

Las palabras correctas:

1. anual	6. eminente
2. venganza	7. mentir
3. entre	8. graciosa
4. aseguro	9. aceptar
5. sentar	10. seguro

Página 27

contraseña	friegasuelos
matamoscas	anteojos
librepensador	pintalabios

Página 28

Emilia y **Julia** no podían esperar la **salida** del barco. Por días y días habían anticipado con gran **entusiasmo** este viaje. Julia **dijo** a Emilia, "No olvides de **salir** a cubierta cuando el **barco** zarpe. No quieres perder **ver** levar anclas. Ese es uno de los momentos más **emocionantes** del viaje." Julia miró su **reloj** y dijo, "Sólo faltan **diez** minutos antes del **momento** de salir de la costa. ¿Qué te parece si buscamos un **sitio hacia** delante donde podrás **verlo** todo? He hecho un viaje en barco una vez antes y no olvidaré **nunca** la emoción de **zarpar**." Emilia respondió, "Estoy tan **emocionada**. **Este** es el viaje de mis sueños."

Lecciones de lenguaje / Palabras y vocabulario—Nivel elemental
Copyright ©2003 de Incentive Publications, Inc.
Nashville, TN.

La clave de respuestas

Página 29

1. porta o plumas
2. contra o puerta
3. caza o noticias
4. abre o cartas
5. agua o fiestas
6. radio o despertador
7. rasca o cielos
8. para o brisas
9. porta o velas

Página 30

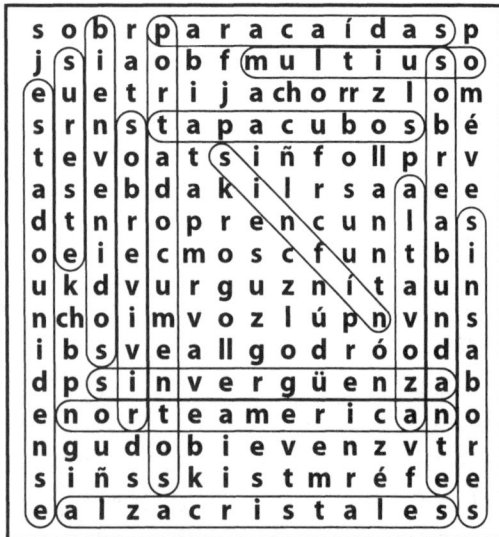

Página 32

1. llevar   legar
2. sol   sal
3. allí   así
4. llano   lleno
5. podría   podrido
6. sonó   sueño
7. cortos   caros
8. nube   nave

Página 33

Palabras que no pertenecen:

1. lava
2. cazador
3. dadiva
4. sombra
5. ávido
6. pirámide
7. carpeta
8. pelota
9. bistro
10. ropera
11. cita
12. cuerno
13. bota
14. raso

Palabras plurales:

1. lápices
2. cacerolas
3. dedos
4. sombreros
5. árboles
6. paradas
7. cartas
8. pilotos
9. bichos
10. rocas
11. cintas
12. cuerdas
13. botes
14. rabos

Página 34

Plurales:

oso — osos		gallo — gallos	
becerro — becerros		octopus — octopuses	
ciervo — ciervos		gorrión — gorriones	
mosca — moscas		elefante — elefantes	
girafa — girafas		mariposa — mariposas	
ganso — gansos		tigre — tigres	
ratón — ratones		cabra — cabras	
oveja — ovejas		paloma — palomas	
lobo — lobos		zorro — zorros	

Página 37

1. bien
2. visita
3. visita
4. visita
5. bien
6. bien, visita
7. Las respuestas variarán

Página 40

Palabras que se deben tachar:

pera   patata   espinaca   apio   limón

Página 41

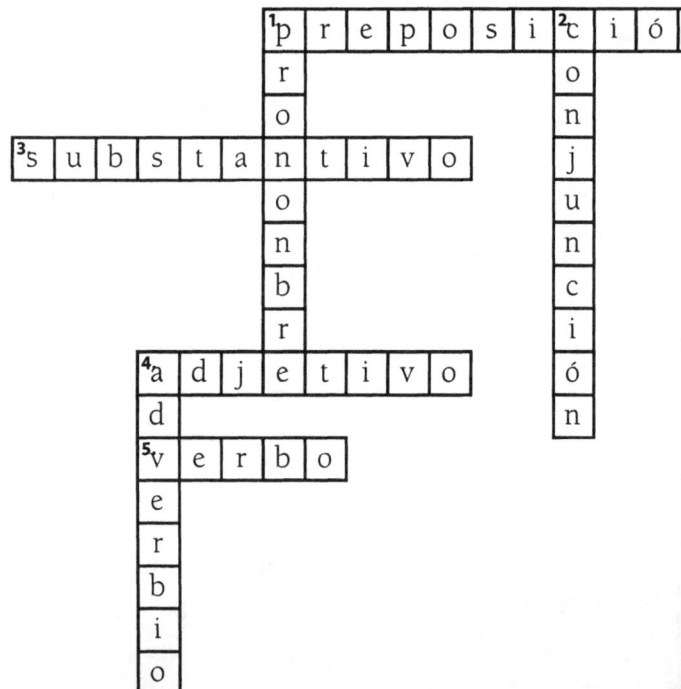

Lecciones de lenguaje / Palabras y vocabulario—Nivel elemental
Copyright ©2003 de Incentive Publications, Inc.
Nashville, TN.

La clave de respuestas

Página 42

Las respuestas acerca de categoría pueden variar un poco.

1. tacha: pantalones cortos . . . . . . categoría: ropa de invierno
2. tacha: papagayo . . . . categoría: comida
3. tacha: lirio . . . . categoría: animales
4. tacha: tiza . . . . categoría: libros de referencia
5. tacha: poncho . . . . categoría: viviendas
6. tacha: manzana . . . . categoría: vegetales
7. tacha: creciente . . . . categoría: tiempo
8. tacha: Ciudad de Nueva York . . . categoría: países
9. tacha: cuerna . . . . categoría: unidades de medir

Páginas 45 y 46

1. soplaba
2. Palabras en círculo:
   viento, invernal,
   helados, tormenta
3. difuntas
4. vivas
5. diluviaba
6. ruidosamente
7. asustado
8. Subraya "una llovía
   azotadora diluviaba"
9. estremecedor
10. tierra
11. amarillo
12. intentaba
13. erodiaban
14. adelante
15. amenazador,
    amenazante
16. dóble

Página 50

1. sucio	5. cima	9. cobarde	13. fruncir
2. clara	6. atrás	10. listo	14. día
3. feliz	7. alto	11. oscura	15. lenta
4. frío	8. grande	12. tacaño	

Página 51

1. eight
2. bear
3. bee
4. boy or beau
5. carrot
6. doe
7. flower
8. knot
9. pail or bucket
10. pear
11. sail or sailboat
12. tea
13. throne

Página 53

1. Varita
2. Corona
3. croar
4. Bailar
5. cuaderno
6. plato
7. sol

Página 57

tren	bloque	leña	lesión
ruido	culpa	liga	lima
ruina	control	lista	mesa
arruga	decoro		

Página 62

Las respuestas pueden variar.

Página 63

La repuesta a la advinanza: La madre canguro con tres bebes

Página 64

Las respuestas variarán.

Página 65

Las respuestas variarán.

Página 66

1. elefante
2. girafa
3. león
4. tigre
5. serpiente
6. mono
7. zebra
8. leopardo

Página 72

1. decidimos
2. partimos
3. recordado
4. los habíamos visto antes
5. confuso